oekom

ClimatePartner°
klimaneutral
Verlag | ID 128-50040-1010-1082

Selbstverpflichtung zum nachhaltigen Publizieren

Nicht nur publizistisch, sondern auch als Unternehmen setzt sich der oekom verlag konsequent für Nachhaltigkeit ein. Bei Ausstattung und Produktion der Publikationen orientieren wir uns an höchsten ökologischen Kriterien. Inhalt und Umschlag dieses Buches wurden auf 100 Prozent Recyclingpapier, zertifiziert mit dem FSC®-Siegel und dem Blauen Engel (RAL-UZ 14), gedruckt. Alle durch diese Publikation verursachten CO_2-Emissionen werden durch Investitionen in ein Gold-Standard-Projekt kompensiert. Die Mehrkosten hierfür trägt der Verlag. Mehr Informationen finden Sie hinten im Buch und unter:
http://www.oekom.de/allgemeine-verlagsinformationen/nachhaltiger-verlag.html

Bibliografische Information der Deutschen Nationalbibliothek: Die Deutsche Nationalbibliothek verzeichnet diese Publikation in der Deutschen Nationalbibliografie; detaillierte bibliografische Daten sind im Internet über http://dnb.d-nb.de abrufbar.

Gesellschaft für ökologische Kommunikation mbH, Waltherstraße 29, 80337 München

Umschlaggestaltung: www.buero-jorge-schmidt.de
Umschlagabbildung: fairkehr/Marcus Gloger
Texte: Heiko Bruns, Andrea Fromm, Andrea Herrmann, Gunhild Preuß-Bayer
Lektorat: Annika Christof, oekom verlag
Korrektorat: Maike Specht
Layout und Satz: Ines Swoboda, oekom verlag

Bildnachweis:
Adobe Stock: S. 6 Monkey_Business_Images, S. 14 ThomBal, S. 16 connel_design, S. 19 Kara, S. 23 anetlanda, S. 27 jokerpro, S. 29 andrey_plant, S. 34 jul14ka, S. 37 ffphoto, S. 39 Lothar_Drechsel, S. 40 Anja_Roesnick, S. 42 twystydigi, S. 46 oben Stramyk_Igor, S. 46 unten viennapro, S. 47 oben Robert_Neumann, S. 47 Mitte tournee, S. 50 m(punkt)mphoto, S. 52 industrieblick, S. 57 Kzenon, S. 58 Peter_Atkins, S. 60/69 connel_design, S. 67 Iuliia Sokolovska, S. 71 yossarian6, S. 72 Denira, S. 73 Kara, S. 74 pio3, S. 78 spuno, S. 81 Helmut_Seisenberger, S. 86 Izf, S. 96 Lothar_Drechsel, S. 98 Andreas_P, S. 102 milkovasa, S. 104 Viktor_Pravdica, S. 107 MNStudio, S. 113 YariK
Fotolia: S. 62/63 MonikaWisniewska, S. 65 RioPatucaImages, S. 77 William_Perugini
Shutterstock: S. 10 ArTo, S. 13: Iakov_Filimonov, S. 47 Mitte stockphoto-graf, S. 90 legenda
Sonstige: S. 15 Bicycle Innovation Lab, Copenhagen, DK, S. 21 Green City e.V. / Tobias Hase, S. 33 Verena Maas, S. 46 www.zeg.de, pino petrillo photographie, S. 47 Nihola, FLUX, Birdy, S. 55 Juliane Neuß, S. 56 nextbike, S. 84 nihola, S. 85 eric poscher/morgenlab S. 88 Clax, S. 91 Makuba, S. 92 chike, S. 94 fairkehr/Marcus_Gloger, S. 109 djama

Druck: Firmengruppe APPL
aprinta druck GmbH, Wemding

RECYCLED
Papier aus Recyclingmaterial
FSC® C004592
www.fsc.org

ISBN 978-3-96238-017-5

autofrei leben! e. V.

Besser leben ohne Auto

Dieses Buch richtet sich an Frauen und Männer gleichermaßen. Deshalb bemühen wir uns um eine geschlechtsneutrale Sprache. Leider ist dies nicht immer möglich. Eine leichte und von allen Beteiligten akzeptierte Lösung, dies auch sprachlich auszudrücken, wurde nicht gefunden, sodass in diesem Buch vorrangig die männliche Form benutzt wird.

WARUM SIE OHNE AUTO BESSER LEBEN

Es gibt viele persönliche Gründe, auf ein eigenes Auto zu verzichten: Gesundheit, Geld und vor allem mehr Glück und Zufriedenheit. Natürlich profitieren auch Ihre Mitmenschen und die Umwelt davon. Autofrei zu leben bedeutet also keinesfalls Verzicht. Im Gegenteil: Weniger Autos auf der Straße erhöhen die Lebensqualität ganzer Stadtteile, sodass sich nicht nur Kinder wohler fühlen.

Ohne Auto leben …

… macht glücklich

Studien belegen, dass Menschen, die täglich zu Fuß gehen oder mit dem Rad fahren, sich doppelt so oft als glücklich bezeichnen wie andere. Bei den Fußgängern scheint die Zufriedenheit sogar mit der Länge des Weges zu steigen. Kein Wunder, denn zu Fuß oder mit dem Fahrrad unterwegs zu sein macht unabhängig und eröffnet ganz neue Blickwinkel. So können Sie beispielsweise Ihre Routen weitgehend selber wählen – eine Fahrt durch grüne Wege, durch Parks und Wälder, entlang von Flüssen und Kanälen oder durch Wiesen und Felder macht gute Laune und lässt Sie die Jahreszeiten und die Natur viel intensiver erleben. Mit geringerer Geschwindigkeit wird der Raum größer und bietet Platz für Entdeckungen und Genuss. Blumen, Wildkräuter, Vögel oder auch ein vierblättriges Kleeblatt finden Sie schließlich nicht hinter dem Lenkrad. Und wer mag, pflückt nicht nur Blumen, sondern erntet vielleicht auch »freies« Obst am Wegesrand.

Die Auswirkungen der Entschleunigung auf den Körper sind erstaunlich. Die Glückshormone, die nach 30 bis 40 Minuten Bewegung ausgeschüttet werden, können depressiven Zuständen oder anderen psychischen Problemen entgegenwirken. Das Unterwegssein und Ankommen mit einer natürlichen Geschwindigkeit fördert einen entspannten Alltag, und die aktive Mobilität hilft sogar, Stress abzubauen. Gerade nach einem langen Arbeitstag im Büro ist ein Spaziergang eine wahre Wohltat für die Seele.

Aber auch in öffentlichen Verkehrsmitteln kann die Fahrtzeit zur Muße genutzt werden: Sie können lesen oder etwas schreiben, vertieft Musik oder ein Hörspiel hören, kurz die Augen schließen, ein wenig schlafen oder einfach aus dem Fenster schauen. Die Gedanken können umherschweifen, da Sie sich nicht auf den Weg konzentrieren müssen. Nutzen Sie diese Momente ganz bewusst als kleine Auszeiten vom schnelllebigen Alltag.

Der Duft des Flieders und der Wind in den Haaren

Am schönsten finde ich, dass ich als Radfahrerin zwar flott unterwegs sein kann, aber anders als mit dem Auto ganz nah am Leben bin. Ich liebe es, unterwegs meinen Mitmenschen zu begegnen. Dem Fahrradhändler zum Beispiel, an dem ich morgens vorbeiradle und der schon mal aus seinem Laden gesprungen kommt, weil ihm ein loses Kabel an meinem Rad aufgefallen ist, dem Schuhmacher, der immer freundlich grüßt, oder der alten Dame, die sich freut, dass meine Katze sie besucht. Das alles und vieles mehr würde ich nicht bemerken und erleben, wenn ich mit dem Auto unterwegs wäre.
Ich würde auch nicht die Abkürzung durch den Park nehmen oder an den stillgelegten S-Bahn-Gleisen entlangfahren können, ich würde den Duft des Flieders, der jetzt gerade wieder in der Luft liegt, nicht riechen können, die Vögel nicht singen hören und den Wind nicht spüren! Ich mag es einfach, unmittelbar teilzuhaben, die Natur zu spüren, die strahlende Sonne im Sommer, aber auch den Regen oder den Schnee und die Kälte, und ich fühle mich gut, wenn ich meine Glieder und Muskeln bemühen muss, um voranzukommen.
Darüber hinaus bin ich meist – vorbeifahrend an den Blechlawinen – auch schneller am Ziel und brauche nicht stundenlang nach einem Parkplatz zu suchen. Ich habe also weniger Stress, bin voll von positiven Eindrücken, habe etwas für mein körperliches und seelisches Wohlbefinden getan und ganz nebenbei die Umwelt geschont. In Zeiten, wo alles immer schneller gehen muss, jeder in Beruf und Familie gestresst ist, sich kaum noch Zeit für ein Miteinander findet, ist es wichtig, für schöne und entspannende Momente zu sorgen. Und ich kann sie sogar auf meinen ganz alltäglichen Wegen zur Arbeit oder zum Einkaufen erleben.

Isabel Ranft, Berlin

… hält gesund

Mindestens 10.000 Schritte am Tag gelten als gesund. Fahren Sie allerdings mit dem Auto in die Tiefgarage und mit dem Aufzug ins Büro, schaffen Sie nur einen Bruchteil davon. Wer sich hingegen im Alltag mindestens eine halbe Stunde lang bewegt, bleibt fast von ganz alleine fit.

Trotz Wind und Wetter sind Fußgänger und Radfahrer in der Regel auch seltener krank. Die Bewegung an der frischen Luft stärkt das Herz-Kreislauf-System und die Abwehrkräfte. Täglich eine halbe Stunde Aktivität soll außerdem das Risiko für Fettleibigkeit, Herzkrankheiten oder Diabetes halbieren. Gute Gründe, das Auto in Zukunft stehen zu lassen.

Und auch als Nutzer öffentlicher Verkehrsmittel wie Bus oder Bahn können Sie aktiv etwas für Ihre Gesundheit tun. Steigen Sie einfach eine oder mehrere Stationen früher aus, und gehen Sie den Rest der Strecke zu Fuß. Oder Sie fahren eine Etappe mit dem Fahrrad. So kommen Sie fit und entspannt an Ihrem Ziel an.

… spart Geld

Aber auch finanziell lohnt sich der Verzicht aufs eigene Auto. Laut den Listen des ADAC kostet ein »Kleinstwagen« (Citroen C1) monatlich 317 Euro, ein Mercedes E 200 als Modell der oberen Mittelklasse verschlingt sogar 911 Euro pro Monat, denn zu den Spritkosten müssen noch Versicherung, Steuer, Wertverlust des Autos, Reparaturen etc. addiert werden. In einem Menschenleben sind das ungefähr 100.000 bis 500.000 Euro. Nicht umsonst wird immer wieder von der »Armutsfalle Auto« gesprochen.

Ein gutes Paar Schuhe hingegen kostet etwa 100 Euro, und die Monatskarte für die öffentlichen Verkehrsmittel erhalten Sie ab etwa 50 Euro. Selbst eine BahnCard 100, die ein Jahr lang unbegrenzte Nutzung der Bahn und dank des City-Tickets auch vieler innerstädtischer Netze ermöglicht, gibt es für 4.270 Euro (2. Klasse, 7.225 Euro für die 1. Klasse) – den jährlichen Kosten des oben genannten »Kleinstwagens«. Schon ab zehn Euro im Monat bekommen Sie ein gutes Fahrrad, welches Sie acht Jahre lang treu begleitet. Das Ganze inklusive Verschleißteile und jährlicher Inspektion. Leben Sie ohne Auto, können Sie das gesparte Geld für sinnvollere Dinge ausgeben oder einfach weniger arbeiten. Gerade für Menschen, die beruflich viel unterwegs sind, kann es sich außerdem rechnen, wenn sie die Fahrtzeit als Arbeitszeit nutzen.

OHNE AUTO KÖNNEN SIE ZEIT SPAREN

Sie haben keine Zeit, zu Fuß zu gehen, Rad zu fahren oder den Bus zu nehmen? Wenn Sie in diese Überlegung die Zeit einrechnen, die Sie für den Kaufpreis und die Haltungskosten Ihres Autos arbeiten müssen, sieht der Vergleich ganz anders aus:

Ausgehend von einem Mittelklassewagen wie dem VW Golf VII, betragen die monatlichen Kosten etwa 520 Euro. Bei einem fiktiven Nettogehalt von 2.000 Euro/Monat arbeitet man folglich ein Viertel der monatlichen Arbeitszeit nur für das Auto. Von durchschnittlich 21 Arbeitstagen werden damit etwa fünf Tage oder 40 Stunden für das Auto benötigt. Wird dieser Aufwand gleichmäßig auf die Arbeitstage verteilt, sind das fast zwei Stunden. Um diese Zeit verlängert sich sozusagen die Fahrt zur Arbeit. Autofahren spart am Ende also weder Zeit noch Geld.

... steigert die Lebensqualität in der Stadt

Ein Auto benötigt meist drei Stellplätze – zu Hause, auf der Arbeit und in der Freizeit. Doch der Platz in den wachsenden Städten ist knapp und sollte gerechter verteilt werden. Angesichts fehlender Wohnungen sind große Parkplätze vor Supermärkten und Autokolonnen, die die Straßen verstopfen, einfach nicht mehr zeitgemäß. Außerdem belasten Lärm, Feinstaub und Stickoxide die Gesundheit der Menschen in den Städten. Jedes Auto weniger ist ein Beitrag zu mehr Lebensqualität.

Besonders für Familien bleiben Städte nur attraktiv, wenn es für Kinder Platz zum Spielen und gesunde Luft zum Atmen gibt. In einer nahezu autofreien Stadt können sich die Kleinen wieder auf den Straßen austoben: Hüpfspiele wie »Himmel und Hölle«, Ballspiele, Inliner, Waveboards, Roller und Fahrräder – das alles spielt beziehungsweise fährt sich gut auf einer verkehrsberuhigten Straße.

Kinder haben einen natürlichen Bewegungsdrang, der allzu oft im Kindersitz des »Elterntaxis« gebremst wird. Gewiss: Mit kleinen Kindern kann der kürzeste Fußweg eine gefühlte Ewigkeit dauern, bietet aber gleichzeitig unendlich viel Raum für Entdeckungen. Im Fahrradsitz oder -anhänger nehmen die Kleinen Wind und Wetter bewusst wahr. Später können Schüler dann alleine zu Fuß zur Schule gehen oder mit dem Fahrrad fahren – und dabei groß und selbstständig werden, da sie nicht ständig unter Aufsicht sind. Die regelmäßige Bewegung hat außerdem positive Effekte auf die Konzentrations- und die Aufnahmefähigkeit der Kinder.

Aber nicht nur Kinder profitieren von autofreien Straßen, je mehr Leben sich draußen abspielt, umso lebendiger wird ein Stadtviertel. Was man alles mit den vielen Parkplätzen anfangen könnte, zeigt der alljährliche Aktionstag Park(ing) Day. Die Idee stammt ursprünglich aus San Francisco und findet mittlerweile in vielen Städten auf der ganzen Welt Anklang. Einen Tag lang werden Parkplätze im öffentlichen Raum zu grünen Oasen, einem Treffpunkt für Anwohner und Besucher oder einfach zu Fahrradstellplätzen umfunktioniert. Es ist höchste Zeit, dass Sie sich Ihre Stadt zurückerobern!

... ist gut für die Umwelt und das Klima

Der Autoverkehr trägt in Deutschland mit bis zu 18 Prozent zu den Emissionen von Treibhausgasen bei. Dieser Anteil steigt, da das Wachstum des Autoverkehrs die Fortschritte beim Kraftstoffverbrauch aufhebt. Bereits durch die Produktion werden je nach Wagentyp pro Fahrzeug bis zu 43 Tonnen CO_2 emittiert. Die Herstellung von Stahl verbraucht sehr viel Energie. Bis zu einem Autoblech steht dem Stahl dann noch ein langer und energieintensiver Weg durch verschiedene Walzstraßen bevor.

Weitere Schädigungen durch Stäube, Stickoxide und die Gewinnung von Metallerzen ruinieren die Ökobilanz eines Neuwagens. So hinterlassen die für den Autokatalysator benötigten Rohstoffe Rhodium, Platin und Palladium schwere Verwüstungen in den Hauptlieferländern Südafrika und Russland. Die Metalle der Platingruppe tragen einen riesigen ökologischen Rucksack mit sich: Für ein Gramm Metall werden 300 Kilogramm Erz benötigt. Hinzu kommen Schwermetallemissionen während des Abbaus und im Betrieb.

Doch nicht nur CO_2, auch giftige Stickoxide (NOx) werden insbesondere von Dieselautos in großen Mengen ausgestoßen. Viele Städte haben aufgrund des emittierten Feinstaubs »Umweltzonen« eingerichtet, in die ältere Fahrzeuge nicht einfahren dürfen. Nur reicht das erwiesenermaßen nicht aus, um die Bevölkerung vor den Abgasen wirksam zu schützen. Auch die Natur leidet unter den Stickoxiden. Sie schädigen die Pflanzenwelt und tragen zur Versauerung sowie Überdüngung der Böden bei.
Und es lauern noch weitere Gefahren für unsere Gesundheit. Der Feinstaub, der durch Abgase, Abrieb von Bremsen und Reifen entsteht, kann die Atemwege beeinträchtigen und sogar bis in die feinsten Verästelungen der Bronchien vordringen. Dabei handelt sich nicht nur um Rußpartikel, sondern auch um Metalle wie Blei, Cadmium und Nickel sowie krebserregende Polycyclische aromatische Kohlenwasserstoffe (PAK) wie Benzo(a)pyren. Ein weiteres Problem des Autoverkehrs stellt die fortschreitende Versiegelung von Böden für den Bau von Straßen und Parkplätzen dar. Sie führt zur Zerschneidung von Landschaften und zum Verlust grüner Oasen. Der Raum für den Autoverkehr (ohne Parkplätze) versiegelt rund fünf Prozent der Gesamtfläche Deutschlands, das ist mehr als die Fläche aller Wohngebäude. Die Folgen sind enorm: Die Lufttemperatur in Ballungsräumen erhöht sich im Vergleich zum Umland. Zudem kann weniger neues Grundwasser entstehen, weil der Regen über Kanäle abgeleitet wird und nicht im Boden versickern kann.

… ist mehr als eine gute Lösung

Autofrei zu leben bedeutet, ein großes Angebot von Möglichkeiten zur Fortbewegung zu nutzen. Verkehrsplaner sprechen von Multimodalität. Für einen gesunden und nachhaltigen Lebensstil sollte die Nutzung der verschiedenen Verkehrsmittel der umgekehrten Verkehrspyramide entsprechen. Ihre alltägliche Mobilität erledigen Sie am besten mit Zutaten aus den oberen Ebenen. Mit Zufußgehen und Radfahren als aktiver Mobilität können Sie weite Teile Ihrer Transportbedürfnisse befriedigen. Aufgrund der gesundheits- und gemeinschaftssinnfördernden Effekte sowie der geringen Geräusch- und Umweltbelastung sind diese zukünftig wichtige Fortbewegungsmittel in Städten. Die Nutzung von Autos – privat oder geteilt – wird abnehmen. Fliegen sollte die absolute Ausnahme sein.

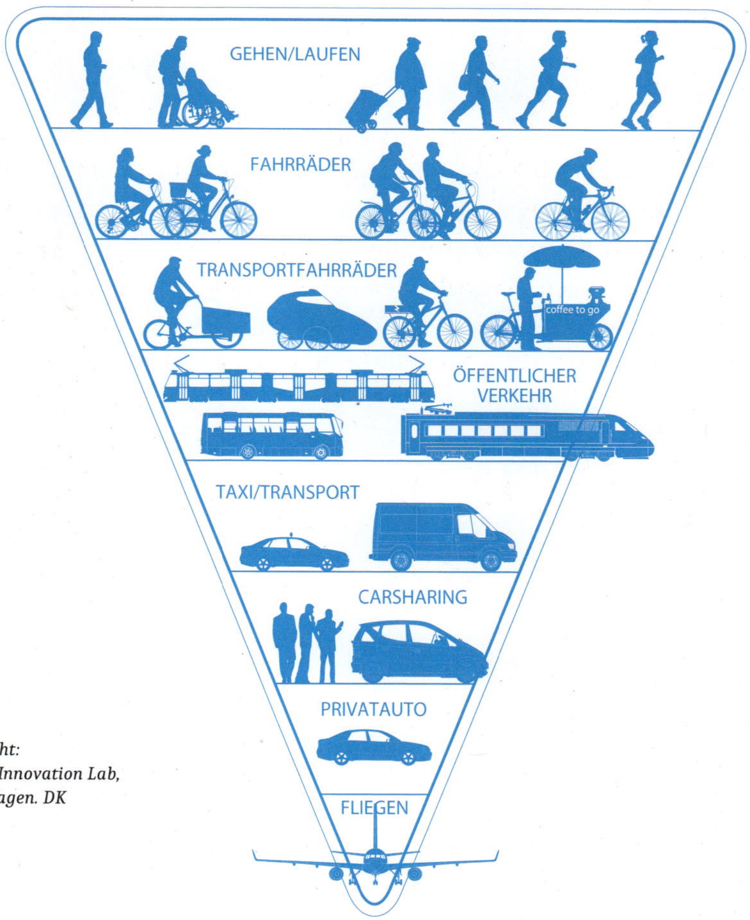

Copyright: Bicycle Innovation Lab, Copenhagen. DK

RICHTIG UMSTEIGEN

Eingefahrene Wege verlassen Sie nicht über Nacht. Sie müssen den richtigen Start finden und Hindernisse möglichst umschiffen. Mit einer guten Portion Neugier und Willensstärke gelingt es Ihnen aber sicher, sich von Ihrem Auto zu verabschieden. Dabei sind die Vorbereitung und die Bereitschaft, Neues auszuprobieren, das A und O, und dank der zahlreichen Tipps in diesem Kapitel sollte auch das Durchhalten kein Problem werden.

Machen Sie sich also auf den Weg!

Starten!

Jeder Mensch geht Veränderungen anders an. Für den einen muss es eine Radikalkur sein, der andere gewöhnt sich lieber in kleinen Schritten um. Finden Sie zunächst heraus, welcher Ansatz zu Ihnen passt.
Übrigens: Keine Sorge, der Verzicht aufs Auto bedeutet nicht, dass Sie sich nie wieder in ein Auto setzen dürfen. Vielmehr geht es darum, kein eigenes Auto zu besitzen. Neben den vielfältigen Alternativen stehen Ihnen aber durch Carsharing, Taxis und Autovermietungen immer noch fahrbare Untersätze zur Verfügung.

Autofasten

Ein Einstieg in den Ausstieg kann die Teilnahme an der Aktion »Autofasten« sein. Mehrere evangelische Landeskirchen und katholische Bistümer bieten unter ⓘ **www.autofasten.de** in den Wochen vor Ostern ihre Unterstützung an. Der überschaubare Zeitraum von 40 Tagen und die Begleitung helfen beim Umstieg auf Zeit. Autofasten ist eine gute Gelegenheit, mögliche Hindernisse besser zu erkennen und Alternativen einfach mal auszuprobieren.
In Mannheim lebten im Rahmen einer vergleichbaren Kampagne namens »Spar dir dein Auto« 30 Haushalte drei Monate lang autofrei. Sie bekamen Tickets für den Nahverkehr, eine Woche lang ein E-Lastenrad sowie Zugang zu Leihrädern und Carsharing. Im Anschluss an die Aktion beschlossen mehrere Haushalte, dauerhaft auf das Auto zu verzichten, und nutzen seither den Platz in der frei gewordenen Garage für wichtigere Dinge.

Schrittweise

Sie sind sich sicher, dass Sie Ihr Auto wirklich brauchen? Oder tun Sie sich mit Veränderungen generell schwer? Dann sollten Sie mit Alternativen experimentieren und sich kleinere Ziele setzen. Hilfreich ist dabei zunächst eine Analyse der bisherigen Nutzung Ihres Autos – durch eine Tabelle (siehe Seite 20/21) oder ein elektronisches Fahrtenbuch auf dem Handy (zum Beispiel Apps wie *DriversLog, iFahrtenbuch, Fahrtenbuch GPS-Zeiterfassung, TripTracker* oder *WISO-Fahrtenbuch*). So können Sie herausfinden, in welchen Situationen es Ihnen leichter fällt, ohne Auto mobil zu sein.
Wichtig ist auch, dass Sie ehrlich zu sich selbst sind. Fangen Sie im Kleinen an: Jede dritte Autofahrt ist kürzer als drei Kilometer und lässt sich problemlos durch Zufußgehen oder Radfahren ersetzen.

Radikalkur

Wenn Sie ohnehin kein großer Fan des Autofahrens sind, Sie sich lieber von Tankstellen und Werkstätten fernhalten oder Sie regelmäßig vergessen, wo Sie Ihren Wagen das letzte Mal geparkt haben, dann sind Sie ein Kandidat für die Radikalkur. Geben Sie sich einen Ruck und dem Auto einen Tritt. So ein radikaler Schritt stellt gewiss eine große Herausforderung dar, die nicht jedem liegt. Vielleicht benötigen Sie für sich noch die Sicherheit, dass »Ihr Auto« im Notfall verfügbar ist. Auf jeden Fall sollten Sie darauf achten, dass Sie sich mit Ihren eigenen Ansprüchen nicht übernehmen. Andererseits sind Sie gefordert, neue Routinen zu entwickeln, wenn Sie nicht mehr jederzeit auf ein Auto zurückgreifen können. Ist es weg, können Sie den Beginn Ihres Lebens ohne Auto nicht weiter verschieben. Zudem spüren Sie die finanziellen Vorteile der Autofreiheit sofort und haben Mittel frei für notwendige Anschaffungen wie ein Jahresabonnement für den Nahverkehr oder ein neues Fahrrad.

FAHRTENBUCH

Mithilfe dieser Tabelle können Sie Ihr Fahrverhalten analysieren und direkt mit den Alternativen vergleichen. Einen genaueren Preisvergleich bietet der Autokostenrechner auf Seite 26.

	von	nach	Kilometer	Kosten pro Kilometer nach Autokostenrechner (Seite 27, 5c)
Montag				
Dienstag				
Mittwoch				
Donnerstag				
Freitag				
Samstag				
Sonntag				

Zeit	Alternative	Kosten	Zeit

Wege verändern

Mit dem Auto ist man anders unterwegs als ohne. Folglich müssen sich einige eingefahrene Wege verändern. Nehmen Sie sich am besten am Wochenende ein paar Stunden Zeit zur Recherche, damit Sie für jede Situation eine Alternative zum Auto parat haben. Das entspannt den Umstieg im vielleicht stressigen Alltag.

Arbeitsweg

Unter der Woche steht täglich der Weg zur Arbeit an. Prüfen Sie, welche Haltestellen des öffentlichen Nahverkehrs sich in der Nähe befinden und ob Ihr Betrieb vielleicht sogar ein vergünstigtes Jobticket anbietet. Auch Auszubildende und Praktikanten zahlen bei den Verkehrsverbünden ermäßigte Tarife. In einigen Kommunen können Sie sich bei der Wahl des richtigen Tickets von Mobilitätszentralen beraten lassen.
Wenn Sie sich für das Fahrrad entscheiden, sollten Sie zunächst einmal das Radwegenetz erkunden, Abstellmöglichkeiten für Ihr Fahrrad begutachten und nach Umkleiden und gegebenenfalls Duschen am Arbeitsplatz fragen. Sie können sich den Arbeitsweg natürlich auch gänzlich sparen, wenn Sie von zu Hause aus arbeiten. Sprechen Sie mit Ihrem Arbeitgeber über die Möglichkeit, an bestimmten Tagen im Homeoffice tätig zu sein.

Einkaufen

Der Großeinkauf mit dem Auto spart unterm Strich weder Zeit noch Geld. Stattdessen lohnt es sich, in der Nähe Ihrer Wohnung mehrmals und frisch einzukaufen – am besten auf dem Wochenmarkt oder in kleineren Läden. Der Inhalt eines Einkaufswagens passt normalerweise gut in zwei Packtaschen am Fahrrad oder einen Einkaufstrolley. In vielen Städten können Sie mittlerweile auch Lieferdienste in Anspruch nehmen.

Eltern und Kinder

Entlassen Sie den Chauffeur Ihrer Kinder! Kinder haben einen natürlichen Bewegungsdrang, den sie unbedingt ausleben sollten. Begleiten Sie Ihre Kinder anfangs auf ihren Fußwegen oder dem Fahrrad. In einigen Städten gibt es auch den sogenannten Schulbus zu Fuß, auch als »Pedibus« oder »Walking Bus« bekannt. Dabei handelt es sich um eine organisierte Schulwegbegleitung. Die Kinder treffen sich morgens an ihrer »Haltestelle« und laufen gemeinsam in Begleitung eines Elternteils zur Schule. Die Eltern wechseln sich dabei regelmäßig ab. So lernen die Kinder von klein auf das korrekte Verhalten im Straßenverkehr und beginnen jeden Tag mit Bewegung an der frischen Luft.

Gewöhnen Sie Ihre Kinder auch frühzeitig an die Nutzung öffentlicher Verkehrsmittel. Vielerorts sind Schülermonatskarten stark ermäßigt.

Auf längeren Fahrradstrecken sitzen Kleinkinder im Kindersitz oder Anhänger. Später wird auf dem Trailer-Bike – einem Halbfahrrad, das über den Gepäckträger mit dem Erwachsenenrad verbunden ist – oder einem »Follow me«, bei dem das Kinderrad kurzerhand an das Erwachsenenrad gekoppelt wird, das eigenständige Radfahren geübt.

Freizeit

In der Freizeit haben Sie Raum zum Experimentieren und Entdecken: Kann der Weg zum Sport auch mit dem Fahrrad bewältigt werden? Welche Sportangebote gibt es in fußläufiger Entfernung? Es lohnt sich, den eigenen Kiez auf Spaziergängen zu entdecken und so auch neue Restaurants und Gaststätten kennenzulernen. Haben Sie schon einmal das Kino oder Theater in Ihrer Nachbarschaft besucht? Nicht selten bleibt das nächstliegendste Ziel lange unbeachtet.

Umzug

Steht in nächster Zeit ein Umzug bei Ihnen an? Dann nutzen Sie ihn, falls möglich, um einen besseren Anschluss an öffentliche Verkehrsmittel oder Radschnellwege zu bekommen – oder einfach um näher an die Arbeitsstätte zu ziehen.

Hindernisse erkennen und beseitigen

Um Gewohnheiten und Routinen zu durchbrechen, sollten Sie zunächst Ihre Wahl des Verkehrsmittels beobachten: Wählen Sie ein bestimmtes Ziel nur aus, weil es gut mit dem Auto erreichbar ist? Oder weil das Auto so naheliegt? Mit kleinen Übungen und Tricks können Sie sich bewusst werden, wann Sie auf das Auto setzen, ohne über Alternativen nachzudenken.

Schaffen Sie Distanz

Verbannen Sie den Autoschlüssel an einen Haken, der etwas höher hängt, sodass Sie ihn nicht mehr unbewusst einstecken. Zusätzlich können Sie das Auto ein paar Straßen weiter weg parken.

Bauen Sie Hürden ein

Fahren Sie nie mehr alleine Auto, treten Sie keine Fahrt an, deren Strecke kürzer als drei Kilometer ist, und führen Sie autofreie Tage (Wochen) ein.

Kleiden Sie sich richtig

Ein beliebtes Argument für die Autonutzung ist das Wetter. Tragen Sie zum Radfahren oder Zufußgehen angemessene Kleidung und gute Schuhe. Die Büroschuhe und das Jackett können Sie auch später anziehen. Mit der richtigen Funktionskleidung kommen Sie auch bei Regen und Schnee trocken zur Arbeit.

Reduzieren Sie Ihr Gepäck

Der Platz im Auto verleitet dazu, viel mitzunehmen oder immer dabeizuhaben. Packen Sie nicht mehr ein, als in einen kleinen Tagesrucksack oder eine Gepäcktasche am Fahrrad passt. Verkleinern Sie Ihre Sporttasche durch die Nutzung von Schließfächern oder eine Handtuch-Flatrate im Fitnessstudio.

Machen Sie Urlaub

Gerade im Urlaub können Sie neue Wege ausprobieren. Fragen Sie in Ihrem Wunschquartier gezielt nach Shuttleservices, oder suchen Sie ein Ferienziel mit gutem Anschluss an die öffentlichen Verkehrsmittel.

AUTOKOSTENRECHNER

Führen Sie eine ehrliche Analyse Ihrer persönlichen Autokosten durch. Berechnen Sie die Anschaffungs- und Kreditkosten sowie fixe und laufende Kosten.

1) ANSCHAFFUNGSKOSTEN

Kauf

a) Mein Auto hat gekostet: ....

b) Ich könnte mein Auto verkaufen für: ....

c) Ich habe mein Auto seit so vielen Monaten:

monatlicher Wertverlust (a – b) / c = ...

Kreditkosten

d) Mein Kredit beträgt: ....

e) Ich zahle jeden Monat: ....

f) Ich zahle so viele Monate:

monatliche Zinskosten (e * f) – d = ...

g) Monatliche Anschaffungskosten = monatlicher Wertverlust + monatliche Zinskosten (c + f): ....

2) JÄHRLICHE FIXKOSTEN

a) Kraftfahrzeugsteuer: ....

b) Haftpflichtversicherung: ....

c) Autoversicherung (Kasko): ....

d) Mitgliedschaft im Automobilclub: ....

e) Autoschutzbriefe: ....

f) Abgasuntersuchung: ....

g) Reifen(-wechsel): ....

h) TÜV: ....

i) Stellplatz/Parkausweis: ....

j) jährliche Fixkosten (Summe a bis i): ....

3) LAUFENDE KOSTEN

a) jährliche Kilometerleistung: ....
b) Durchschnittsverbrauch in Liter/100 km: ....
c) Jahresverbrauch an Kraftstoff (a * b): ....
d) Preis pro Liter Kraftstoff in Euro/Liter: ....
e) jährliche Kraftstoffkosten (c * d): ....
f) Reparaturen / Inspektionen: ....
g) Parkgebühren, Reinigung, Straßengebühren: ....
h) Strafzettel: ....
i) jährliche laufende Kosten (Summe e bis h): ....

4) BEVOR ICH EINEN KILOMETER FAHRE, KOSTET MEIN AUTO IM MONAT

a) monatliche Anschaffungskosten (1g): ....
b) monatliche Fixkosten (2i / 12): ....
c) monatliche laufende Kosten (3i / 12): ....
d) monatliche Kosten (a + b + c): ....

5) EIN KILOMETER KOSTET

a) jährliche Kosten (4d * 12): ....
b) jährliche Kilometerleistung (3a): ....
c) Euro/km (a / b): ....

Vorbereiten

Legen Sie einen Tag fest, an dem Ihr autofreies Leben starten soll oder an dem Sie beginnen, bestimmte Fahrten nicht mehr mit dem Auto durchzuführen. Mit einer guten Vorbereitung kann kaum etwas schiefgehen. Wählen Sie bereits am Abend vorher Ihre Route und das Verkehrsmittel aus, und überfrachten Sie den ersten Tag ohne Auto nicht mit Aktivitäten, sodass Sie Zeit für Umwege oder Unvorhergesehenes haben. Optimal ist es, wenn Sie bei Tageslicht starten.

Mit dem öffentlichen Nahverkehr

Informieren Sie sich über die Fahrpläne: Drucken Sie die Abfahrten umliegender Haltestellen aus, um sich einen Überblick zu verschaffen. Laden Sie sich eine entsprechende App auf Ihr Smartphone und setzen Sie Bookmarks, oder speichern Sie wichtige Verbindungen, damit Sie mit einem Klick darauf zurückgreifen können. Einige Verkehrsverbünde bieten auch einen speziellen Pendlerservice an, mit dem Sie sich einen individuellen Fahrplan erstellen lassen können. Um möglichst günstig zu fahren, ist es ratsam, sich eine Wochen- oder Monatskarte zu kaufen.

Mit dem Fahrrad

Stand Ihr Fahrrad längere Zeit ungenutzt im Fahrradkeller oder vorm Haus, sollten Sie, bevor Sie längere Strecken damit fahren, unbedingt eine Proberunde drehen und es in Schuss bringen. Erkunden Sie anschließend das Radwegenetz in Ihrer Umgebung, um ruhige und grüne Wege ausfindig zu machen. Auch über gute Abstellanlagen sollten Sie informiert sein. Legen Sie außerdem eine Regenjacke und -hose für schlechtes Wetter bereit.

Zu Fuß

Längere Strecken zu Fuß werden am besten probeweise mit Gepäck zurückgelegt und die Schuhe ein wenig eingelaufen. Auch zu Fuß sollten Sie sich auf die Suche nach ruhigen Schleichwegen machen. Oder bringen Sie Abwechslung in den Alltag, und variieren Sie Ihre täglichen Wege. Beim Zufußgehen ist es ebenso wie beim Radfahren wichtig, sich richtig zu kleiden. Nicht jeder kommt schnell ins Schwitzen oder friert. Probieren Sie aus, in welcher Kombination Sie sich auf welchem Weg am wohlsten fühlen.

Carsharing

Melden Sie sich bei lokalen Carsharinganbietern an. Häufig gibt es für Inhaber von Monatskarten für öffentliche Verkehrsmittel Rabatte auf die Anmeldegebühr. Prüfen Sie, ob in der Nähe Ihrer Wohnung und Arbeit eine Mietstation liegt. Oftmals können auch Free-Floating-Angebote genutzt werden; dabei stehen die Fahrzeuge nicht an festen Mietstationen und können auch nach der Fahrt einfach auf öffentlich zugänglichen Parkplätzen wieder abgestellt werden.

Haben Sie einen Plan B

Machen Sie sich einen Plan B für den Fall, dass Sie den Bus oder die Bahn einmal verpassen oder mit einem platten Reifen liegen bleiben. Notieren Sie sich die Rufnummer der Taxizentrale, und merken Sie sich die Lage von Taxiständen. Es ist außerdem sinnvoll, alternative Strecken parat zu haben, die Sie mit den öffentlichen Verkehrsmitteln nutzen können. Sprechen Sie im Vorfeld Nachbarn und Kollegen auf Mitfahrmöglichkeiten an. Für Radfahrer lohnt es sich, Fahrradläden an der Strecke zu kennen, eine kleine Luftpumpe dabeizuhaben und die Nummer der Pannenhilfe des ADFC (Allgemeiner Deutscher Fahrrad-Club) zu wissen.

Durchhalten

Auf die anfängliche Begeisterung folgt nicht selten eine gewisse Ernüchterung. Denn Sie werden Anschlüsse verpassen, einen platten Reifen am Fahrrad haben oder sich beim Gehen zu viel Gepäck zumuten. In manchen Momenten wird Ihnen ein Auto als Lösung Ihrer Verkehrsprobleme erscheinen. Gerade in solchen Situationen neigt der Mensch nicht immer zu rationalen Entscheidungen. Deshalb sollten Sie sich positive Momente ohne Auto verschaffen.

Suchen Sie autofreie Orte

Meiden Sie vom Auto dominierte Orte wie Einkaufszentren oder Hauptverkehrsstraßen, und erkunden Sie Gegenden, an die man mit dem Auto nicht oder kaum gelangt. In Nebenstraßen, an Ufern und Parks gibt es viel Neues zu entdecken.

Belohnen Sie sich

Bei den ersten Schwierigkeiten sollten Sie sich an die positiven Dinge, den »Gewinn« Ihrer Autofreiheit, erinnern. Vielleicht fühlen Sie sich fitter, haben etwas abgenommen oder nehmen Ihre Umgebung neu wahr? Außerdem können Sie sich mit dem gesparten Geld ruhig belohnen.

Nutzen Sie den gewonnenen Platz

Ist das Auto verkauft, können Sie Ihren Park- oder Tiefgaragenplatz vermieten oder aus Ihrer Garage einen Hobbyraum machen. Jetzt wären Sie auch bereit, in ein autofreies Stadtviertel zu ziehen (siehe S. 32/33).

Nehmen Sie ein Taxi

Ab und zu ist eine Taxifahrt eine wahre Wohltat, die Sie sich gönnen sollten. Denn nicht alles lässt sich gut und einfach ohne Auto erledigen. Der Vorteil eines Taxis ist, dass Sie die Fahrt genießen können und sich nach dem Aussteigen um nichts mehr kümmern müssen.

Abschied nehmen – und frei!

Autofrei leben? Ich? Unmöglich!!! ... dachte ich. Unabhängigkeit, Freiheit, mein persönliches »Ichfahrwohinichwillundwannichwill-Taxi«, mein kleiner blauer Freund!
Okay, TÜV, Versicherung, steigende Benzinkosten, Werkstattkosten, waschen-legen-fönen ... Aber das war mir egal – er gehörte mir, nur mir und brachte mich, wohin ich wollte. Brauchte ich ihn wirklich? Früher ja, mein Weg zur Arbeit war weit und die Verbindung mit öffentlichen Verkehrsmitteln unzumutbar.
Inzwischen nein, ich bin umgezogen und habe es nicht weit zur Arbeit – aber was man hat, das hat man. Und es ist ja auch so bequem mit Auto.
Dann war er weg. Die Vernunft hatte gesiegt ... die Kosten wurden zu hoch. Als er dann nicht mehr da war, war das hart. Wochenlang dachte ich jeden Tag, er stände noch immer da draußen vor der Tür.
Ich abonnierte ein Monatsticket für die öffentlichen Verkehrsmittel in der Stadt und holte mein verstaubtes Fahrrad aus dem Keller. Am Anfang habe ich es mehr geputzt als benutzt, aber ich war ja auch eine verwöhnte Ex-Autobesitzerin und musste mich an die neue Situation erst gewöhnen.
Ich musste auch lernen, die zehnminütige U-Bahn-Fahrt zur Arbeit zu nutzen, um das Buch weiter in mich einzusaugen, das ich am Vorabend weglegen musste, weil mir meine Augenlider zufielen. Die Bahn verpasst? Haha, ich schaffe noch ein Kapitel mehr!
Ich bin überhaupt viel entspannter geworden. Losrennen, um die Bahn, die in einer Minute kommt, noch zu erreichen? Ohne mich! Lieber die Zeit besser nutzen bis zur nächsten.
Ich frage mich, ob ich mir in der Vergangenheit je Gedanken darüber gemacht habe, wie viel Zeit ich dafür verplempert habe, Parkplätze zu suchen, Reifen zu wechseln, Scheibenwischanlagenreiniger nachzufüllen, vereiste Scheiben freizukratzen, Politur aufzutragen und bis zur Erschöpfung für Hochglanz zu sorgen ...
Es geht tatsächlich autofrei, und wenn ich mir die Benzinkosten heute ansehe und die Diskussionen darüber verfolge, erwische ich mich dabei, wie ich etwas schmunzeln muss. Schadenfroh, ich? Nein, aber FREI!!!

Jessica Hofmann, Unna

Gemeinsam autofrei wohnen

Menschen, die kein eigenes Auto besitzen, haben andere Anforderungen an ihr Wohnumfeld. Deshalb gibt es in vielen Städten Wohnprojekte, in denen autofreie Haushalte zusammen planen, bauen und wohnen. Manchmal erschaffen sie einzelne Häuser, manchmal kleine Stadtviertel; es gibt Mietshäuser, Genossenschaften oder Eigentümergemeinschaften. Gemeinsam ist diesen Projekten, dass hier eine hohe Wohnqualität mit besserer Luft, weniger Lärm und mehr Sicherheit gegeben ist.

Gemeinsame Lösungen finden

Das autofreie Leben verbindet, und viele Dinge werden gemeinschaftlich gelöst. Autofreie können miteinander das organisieren und anschaffen, was ihnen ihre alltäglichen Wege erleichtert. In autofreien Wohnsiedlungen findet man viele gute Ideen verwirklicht, zum Beispiel die Möglichkeiten, das Fahrrad mit Lift oder bequemer Rampe in den Keller zu bringen, oder wettergeschützte einbruchsichere Fahrradhäuschen. Über eine »Mobilitätsstation« nutzen die Bewohner gemeinsam Gästefahrräder, Lastenanhänger, Carsharingautos und Pedelecs. Auch übertragbare Tickets für den örtlichen Verkehrsverbund gibt es in vielen Projekten.

Räume teilen

Mit einem Schwarzen Brett oder einer App kann die Entleihung der Fahrzeuge organisiert werden, und da man eh schon beim Teilen ist, trauen sich die Bewohner oft noch mehr. Viele Wohnprojekte, nicht nur autofreie, schaffen einen Gemeinschaftsraum oder ein Gästeappartement, ein gemeinsames Büro oder eine Waschküche. In der Hamburger Saarlandstraße gibt es sogar einen Bootskeller, in einem Wiener Projekt haben sich die Mieter eine Sauna gegönnt. Wie die Fahrzeuge können auch diese Räume gebucht werden.

Schönes Wohnumfeld

Zumindest bei größeren autofreien Wohnprojekten ist auch die Umgebung ein Bereich ohne oder mit weniger motorisiertem Verkehr. Das macht den Aufenthalt angenehmer, man verbringt mehr Zeit außerhalb der eigenen vier Wände und trifft dabei die Nachbarn. Die Kinder können in Sichtweite ihrer Eltern draußen spielen, und ohne Asphalt lassen sich auch reizvollere Spielplätze schaffen.

Billiger bauen – besser bauen

In Städten, wo Tiefgaragen oft vorgeschrieben sind, geht es um richtig viel Geld. So können 20 Stellplätze in einem Wohnblock eine halbe Million Euro kosten. Mit dieser Summe können für ein autofreies Wohnprojekt viele andere Dinge verwirklicht und angeschafft werden. Mit dem eingesparten Geld lassen sich beispielsweise bessere Energiestandards umsetzen oder baubiologisch unbedenkliche Materialien verbauen.
Tiefgaragen schränken außerdem die Planung des Gebäudes ein. Wenn der Platz für die Autostellplätze nicht gebraucht wird, können im Keller auch große Abstellräume, Hobbyräume, ein Musikübungsraum, eine Gemeinschaftswaschküche, eine Fahrradwerkstatt oder ein Büro eingerichtet werden.

Ein Gewinn für die Stadt

Wenn immer weniger Bürger Autos haben, vermindert das den Gesamtverkehr. Autofreie Siedlungen sind Vorlagen für eine zukünftige Stadtplanung. Menschen, die nicht in weit entfernten Großmärkten einkaufen, sondern ihren täglichen Bedarf überwiegend in der Nähe decken, sind außerdem eine Chance für kleinere Geschäfte – auf die auch viele Menschen angewiesen sind, zum Beispiel Kinder, Jugendliche und Senioren, die nicht mehr so mobil sind.

ZU FUSS UNTERWEGS

Gehen ist unsere natürlichste Fortbewegungsart. Spazierengehen, Wandern und Joggen bringen Ihren Körper in Schwung und die Seele zur Ruhe. Zu Fuß zu gehen bedeutet zu entschleunigen, achtsam sich selbst und die Umgebung wahrzunehmen, frische Luft einzuatmen und die Sonnenstrahlen zu genießen. Doch auch ein warmer Sommerregen oder ein Herbststurm lassen Sie aufleben. Klingt das nicht fantastisch?

Gesund und entspannt unterwegs

Kurze Wege laden zum Zufußgehen ein. Dabei können Sie Ihren Gedanken nachhängen, sich umsehen oder für ein Schwätzchen stehen bleiben. Gesund ist die sanfte Bewegung noch dazu! Und das Beste daran: Sie können jederzeit starten und das Tempo selbst bestimmen.

Warum Ihnen die Bewegung zu Fuß guttut

Immer wieder finden wissenschaftliche Studien heraus, dass regelmäßiges Gehen oder Laufen unser Leben verlängert. Bereits 30 Minuten tägliche Bewegung sollen ausreichen, um Ihre Lebenserwartung um annähernd vier Jahre zu steigern.
Unser Körper braucht aktive Bewegung, damit Atmung, Kreislauf und Verdauung rund laufen. Kommen wir in Schwung, werden Gehirn und Muskeln ordentlich mit Sauerstoff versorgt. Das stärkt das Immunsystem und macht gute Laune.
Ebenso bauen Sie durch einen Fußweg nach einem langen Arbeitstag Stress ab und gewinnen innerlich Abstand. Auch morgens hilft die Bewegung beim Ankommen, da Sie sich beim Gehen hervorragend entspannen und Ihre Gedanken schweifen lassen können. Schließlich müssen Sie sich weniger auf den Verkehr konzentrieren.

Auch zu Fuß kommen Sie gut voran

Ihre Füße sind ein ständig verfügbares Fortbewegungsmittel. Zu Fuß brauchen Sie für Ihre Alltagswege oftmals gar nicht so lange wie gedacht. Es fallen nämlich die Zeiten weg, die Sie benötigen würden, um Ihr Auto aus der Garage zu holen, das Gepäck zu verstauen, den Motor zu starten und am Zielort einen Parkplatz zu suchen, das Gepäck wieder zu entnehmen und das Auto abzuschließen
Als grobe Daumenregeln haben sich außerdem bewährt: Eine Strecke, für die der Bus oder die Straßenbahn zehn Minuten benötigt, schafft ein Fußgänger in 20 Minuten. Zwei bis drei Kilometer sind eine halbe Stunde Fußweg. Damit kommt man in kleineren Städten vom Vorort bis ins Zentrum.

Voraussetzungen für angenehmes Gehen

Mit der richtigen Vorbereitung und Kleidung sind Sie, egal, bei welchem Wetter und mit wie viel Gepäck, entspannt unterwegs. Damit das Gehen auch wirklich Spaß macht, empfehlen wir Folgendes:

Ans Wetter angepasste Kleidung

Vorausschauend angezogen, sind Sie gegen Regen, Kälte und Hitze bestens gewappnet. Im Sommer sollten Sie Ihre Haut und Augen gegen die Sonne schützen. Ein Hut mit Krempe kann sowohl als Regen- als auch als Sonnenschutz dienen.

Wenn Sie beim strammen Marsch ins Schwitzen kommen, ziehen Sie am besten frühzeitig die Jacke aus, bevor Sie schweißgebadet sind. Bewährt hat sich gerade bei wechselhaftem Wetter das Zwiebelschalenprinzip: Besser, Sie ziehen mehrere Lagen dünner Kleidung übereinander statt wenige dicke an. Auch Jacken mit abnehmbaren Ärmeln lassen sich spontan an Ihre Bedürfnisse anpassen. Dann können Sie tagsüber nach Bedarf und Temperatur variieren. Gerade im Frühling und Herbst ist es morgens noch sehr kalt und mittags sommerlich warm. Für diese Übergangsphasen sind Westen praktisch. Sie halten die Mitte warm, erlauben aber Armfreiheit und Unterarmbelüftung. Ein Regenschirm schützt Sie vor Nässe und sollte immer dabei sein; gerade kleinere Modelle sind leicht und gut verstaubar.

Gute Schuhe

Bequeme Schuhe sind das A und O! Oftmals allerdings besteht Schuhwerk, das auf kurzen Strecken perfekt erscheint, den Langstreckentest nicht. Achten Sie beim Schuhkauf auf ein bequemes Gehgefühl, biegsame Sohlen mit Profil und stabile Verarbeitung. »Wer schön sein will, muss leiden« bringt Sie leider nicht voran. Gerade im Winter, wenn die Witterung gefütterte Stiefel mit ordentlichem Profil, Ihr Beruf aber nach einem durchgestylten oder firmenkonformen Outfit verlangt, empfiehlt es sich, einfach am Arbeitsplatz die Schuhe zu wechseln.

Bequeme Gepäckverteilung

Selten ist man mit leeren Händen unterwegs. Was auch immer Sie transportieren, muss so verstaut sein, dass es Sie möglichst wenig Kraft kostet, nirgends schabt oder pendelt, Sie keine Schulter hochziehen müssen oder wunde Hände bekommen. Bei Taschen ist es hilfreich, wenn sich an den Griffen keine Nähte befinden.

Für große Einkäufe eignet sich ein Einkaufstrolley oder ein Handkarren. Gepäck verteilt sich im Rucksack gleichmäßig auf beide Schultern, und im Rollkoffer wiegt es gleich weniger schwer. Es gibt aber auch praktische Umhängetaschen, Handtaschen, Gürteltaschen und vieles mehr. Wer regelmäßig zu Fuß unterwegs ist, hat für jeden Zweck die richtige Tasche.

Sicherheit durch Sichtbarkeit

Ein dunkel gekleideter Fußgänger oder Radfahrer ohne Licht ist bei Nacht unsichtbar! Ihre Jacke muss sich farblich vom Hintergrund abheben, da gerade sie sich in Sichthöhe von Autofahrern und Radfahrern befindet. Helle Kleidung sehen die anderen im Dunkeln, bunte Farben machen Sie auch bei Schnee und Nebel gut sichtbar. Empfehlenswert sind auch Leuchtstreifen an Ärmeln, Rucksack oder Taschen. Sie reflektieren das Licht.

Kennen Sie Ihren Weg

Wenn Sie eine Strecke noch nie gegangen sind, nehmen Sie einen Stadtplan (eventuell sogar einen Fußgängerstadtplan), eine Wegbeschreibung oder ein Fußgängernavigationssystem mit. Auch ein Smartphone mit entsprechender App (beispielsweise *Open Street Map, Google Maps*

oder *Falk Maps*) weist Ihnen den Weg. Wegbeschreibungen in Text und Bild von der letzten Haltestelle bis zur Zieladresse erhalten Sie auch von der Online-Reiseauskunft der Bahn (siehe Linkliste Seite 120). Wenn Sie sich verlaufen, scheuen Sie sich nicht davor, Passanten um Rat zu fragen. Bei längeren Wegen übers Land empfiehlt es sich, eine Wanderkarte parat zu haben.

Längere Strecken

Wenn Sie längere Strecken wandern oder sogar mehrere Tage auf Tour sind, dann erhöhen sich die Anforderungen an Schuhe und Taschen, und auch Ihr Gepäck vermehrt sich um Getränke, Verpflegung, Blasenpflaster, Erste-Hilfe-Ausrüstung, Sonnencreme und so weiter. Mehr zum Thema Wanderurlaub finden Sie im Kapitel »Autofrei reisen« (siehe ab Seite 99).

Zu Fuß mit Kindern oder Hund

Auch das Unterwegssein mit Kindern oder einem Hund kann zusätzliche Utensilien nötig machen: Windeln und Fläschchen für das Kind, Tütchen, Futter und Wassernapf für den Hund …

Der Situation angepasst

Wer mit Kind und Kinderwagen unterwegs ist, kann die Ablage des Wagens gut als Stauraum nutzen und ein wenig vollpacken. Wichtig ist aber, dass Sie den Kinderwagen nicht so beladen, dass sein Schwerpunkt oben liegt, beispielsweise durch schwere Taschen am Lenker. Dann droht die Gefahr, dass er kippt.
Statt des klassischen Kinderwagens können Sie auch variieren: Für Kinder gibt es Rückentragen oder Tragetücher, in denen sie bequem sitzen und über die Schulter des Erwachsenen hinweg die Welt bestaunen können. Dadurch haben Sie die Hände frei und können das Gepäck auf einen Wagen packen und schieben oder ziehen.

Sicherheit geht vor

Mancher Weg, den man als Erwachsener alleine gehen würde, fällt mit Kind und Hund leider weg: Schmale Fußwege direkt an viel befahrenen Hauptstraßen sind gefährlich, unbefestigte Schleichwege nicht kinderwagengerecht. Stattdessen eignen sich vor allem asphaltierte Wege durch den Park und Fußgängerzonen, um dem Kind und eventuell auch dem Hund ein wenig Herumstreunen und Erkunden zu erlauben. Wird es doch mal eng, sollten der Hund an die Leine und das Kind an die Hand.

Autofrei komme ich überall hin

Ich staune immer wieder, wenn ich feststelle, dass die Autofahrer es ernst meinen: Sie sind ohne Auto nicht mobil! Ohne Auto kommen sie »nirgends hin«, und jede autofreie Fortbewegung nehmen sie als unzumutbar kompliziert, langwierig oder anstrengend wahr.
Mein Mobilitätsweltbild basiert auf der Annahme, dass jeder gesunde Mensch jederzeit aus eigener Muskelkraft überall hingelangen kann. Mich schockiert es, wenn von Natur aus mobile Menschen ein Selbst- und Weltbild hegen, als wären sie gehbehindert. Sie begeben sich freiwillig in eine Abhängigkeit von einem motorisierten Fahrzeug.
Auch autofrei fühle ich mich perfekt mobil. Darum kommen neue Bekannte nie von selbst auf die Idee, dass ich autofrei lebe. Genau wie alle anderen fahre ich zum Shoppen in die Stadt (mit dem Rad), mache am Samstag meinen Wocheneinkauf (zu Fuß), besuche eine Freundin in London (Linienbus) oder Kunden in Dortmund (Zug).
Meine »Tarnung« fliegt erst dann auf, wenn ich zugeben muss, dass ich mich mangels Navigationsgerät mal wieder verlaufen – nein, nicht verfahren! – habe, von einem knautschzonenfreien Verkehrsunfall als Radfahrerin erzähle oder die Frage nach einer Entfernung beantworte mit: »Der ICE braucht drei Stunden.«
Es gibt kaum einen Ort, an den ich mir nicht zutraue hinzugelangen, außer militärischem Sperrgebiet und Vulkankratern. Ich finde es wichtig, die gesamte Welt zu meinem Lebensraum zu machen. Ich will mich immer wieder meiner selbstbestimmten Mobilität versichern, die nur durch physische Grenzen limitiert wird. Ich komme überallhin. Einfach ich, meine Schuhe oder mein Rad. Mobilität braucht keine Spezialausrüstung, keine Wanderstiefel, Spezialsocken, Thermounterwäsche, isotonische Getränke oder wattierte Radlerhosen. Mobilität bedeutet: Ich schließe die Tür hinter mir und ziehe los, frei wie ein Vogel. Keine Strecke ist mir zu weit, kein Weg ungangbar. Die ganze Welt gehört mir und meinen Füßen.

Judith Kühne, Braunschweig

MIT DEM RAD UNTERWEGS

Fast jeder in Deutschland besitzt ein Fahrrad. Sie können also einfach aufsteigen und losfahren – kurze Strecken schaffen auch Ungeübte. Bald werden Sie merken, dass Radfahren ein besonderes Gefühl von Freiheit ist. Genießen Sie die Freude an der eigenen Kraft, den Wind in Gesicht und Haaren sowie die neuen Wege, die sich auftun. Mit den Tipps in diesem Kapitel finden Sie das zu Ihnen passende Fahrrad und werden im Alltag mobil!

Das passende Fahrrad finden

Eines der fast 75 Millionen Fahrräder in Deutschland findet sich wahrscheinlich auch bei Ihnen zu Hause. Meist brauchen Sie nur die Reifen aufzupumpen, die Bremsen und das Licht zu kontrollieren, und schon kann es losgehen. Für die ersten Wege reicht ein bereits vorhandenes Fahrrad sicherlich aus. Mit der Zeit wollen Sie aber bestimmt mehr, besser und bequemer Fahrrad fahren. Dann stehen Optimierung oder Neukauf an.

Vor dem Fahrradkauf

Zunächst sollten Sie Ihr bisheriges Fahrrad nutzen, um Ihre Bedürfnisse genauer kennenzulernen. Statt eines Neukaufs reicht es nämlich oft auch schon aus, das alte Fahrrad um- oder aufzurüsten. Außerdem ist es, bevor Sie Geld ausgeben, sinnvoll, sich selbst als Radfahrer zu erleben. So wird Ihnen schnell klar, was genau Sie suchen. Mithilfe der folgenden Checkliste können Sie Ihre Bedürfnisse ausloten.

CHECKLISTE FÜR DEN FAHRRADKAUF

Ich suche ein Fahrrad …

- [ ] für einen Preis von maximal ………… Euro
- [ ] für kurze Wege in der Stadt
- [ ] für einen langen Arbeitsweg (länger als zehn Kilometer)
- [ ] für Touren und Reisen
- [ ] für die Mitnahme in der Bahn
- [ ] für eine bequeme Sitzhaltung
- [ ] für eine sportliche Fahrt
- [ ] …, das wartungsarm ist
- [ ] …, das ich leicht in den Keller oder die Wohnung tragen kann
- [ ] …, auf dem ich viel Gepäck transportieren kann
- [ ] …, das für den Transport von Kindern geeignet ist

Informieren Sie sich

Um einen Überblick über das Angebot auf dem Fahrradmarkt zu erlangen, empfiehlt es sich, eine branchenspezifische Messe oder einen Aktionstag zu besuchen und mit Kennern ins Gespräch zu kommen. Dafür bieten sich die meist im Juni in vielen deutschen Städten stattfindenden Fahrradsternfahrten anlässlich des »Mobil-ohne-Auto-Tages« an. Über das ganze Jahr verteilt gibt es außerdem autofreie Aktionstage, wie beispielsweise »Tal toTal« im Mittelrheintal oder »Autofreies Elstal«. Sie können an solchen Tagen nicht nur Ihre Stadt oder Region aus einer anderen Perspektive kennenlernen, sondern erleben oft auch eine Leistungsschau des Fahrradgewerbes.

Auch die monatlichen Fahrradausfahrten der »Critical Mass« (siehe Kasten unten), die es in etwa 130 deutschen Städten gibt, bieten Gelegenheit, mit anderen Radfahrern über ihre Räder ins Gespräch zu kommen.

In Fahrradzeitschriften wie der »radwelt« des ADFC, »aktiv radfahren« oder »bike« erfahren Sie einiges über die aktuellen Entwicklungen am Fahrradmarkt, verbunden mit Testberichten. Auch die »Stiftung Warentest« nimmt regelmäßig Fahrräder unter die Lupe. Gehen Sie am besten in die Bibliothek, um mehrere Zeitschriften und Ausgaben sichten zu können.

Neben der Leitmesse der Fahrradbranche »Eurobike« in Friedrichshafen gibt es einige regionale Messen, deren Besuch sich lohnt: Die »Velo«-Messe findet mittlerweile in Berlin (April), Hamburg (Mai) und Frankfurt (Juni) statt. Auch verschiedene Freizeit- und Reisemessen locken mit großen Fahrradausstellungen. Für Menschen, die ein ausgefallenes Fahrrad suchen oder benötigen, bietet sich ein Besuch der Spezialradmesse in Germersheim am letzten Aprilwochenende an. Anhänger der Fahrradszene treffen sich auch auf den »Fahrradschauen« in Berlin (März) und Wien (Oktober).

WIR SIND DER VERKEHR!

»Critical Mass« ist eine weltweite Bewegung von Radfahrern, die mittels einer kreativen Form des Straßenprotests auf die Missstände im Stadtverkehr aufmerksam machen will. Dabei treffen sich mehrere Fahrradfahrer scheinbar zufällig, um ihre Gleichberechtigung gegenüber dem motorisierten Verkehr und mehr Rechte für Radfahrer einzufordern. Die Bewegung ist desorganisiert, antihierarchisch und hat keine Verantwortlichen. Jeder mit einem Fahrrad ist willkommen! Weitere Informationen finden Sie auf Seite 120.

Fahrrad ist nicht gleich Fahrrad

Die Auswahl an verschiedenen Fahrradtypen ist riesig. Die folgenden Seiten bieten Ihnen einen Überblick, um sich im Angebotsdschungel zu orientieren und das passende Rad für Ihre Bedürfnisse zu finden.

(1) Hollandrad

(2) Cityrad

(3) Touren- oder Trekkingrad

(4) Pedelecs und E-Bikes

⑤ Rennrad

⑥ Mountainbike

⑦ Faltrad

⑧ Transport- oder Lastenrad

⑨ Liegerad

Hollandrad ①

Ideal für bequemes Fahren in der Stadt. Aufgrund der aufrechten Sitzposition nichts für schnelle Radfahrer. Die solide Verarbeitung schlägt im Gewicht zu Buche. Der geschlossene Kettenkasten schützt die Kette vor der Witterung, dadurch sind die Räder leider nicht sehr reparaturfreundlich.

Cityrad ②

Ermöglicht auch eine aufrechte Sitzposition, unterscheidet sich vom Hollandrad durch den höheren Lenker und eine dadurch bedingte andere Sitzposition, die ergonomisch nicht vorteilhaft ist. Gehört aufgrund der Wartungsarmut und Bequemlichkeit zu den beliebtesten Fahrradtypen, sodass Sie eine große Auswahl zu günstigen Preisen finden. In Verbindung mit einer Federung werden Cityräder sehr schwer.

Touren- oder Trekkingrad ③

Diese Räder sind für den Transport von Gepäck und Mensch über lange Strecken ausgelegt, leisten aber als Allrounder auch in der Stadt gute Dienste. Sie sind ausgestattet mit speziellem Gepäckträger und Flaschenhaltern. Die Sitzposition ist deutlich gestreckter als bei den typischen Stadträdern. Modelle für Einsteiger sind günstig erhältlich; mit höherwertigen Komponenten wird es schnell teurer.

Pedelecs und E-Bikes ④

Mithilfe eines Elektromotors bringen diese Fahrräder Sie schneller und leichter voran. Akku, Motor und veränderte Rahmengeometrie bedingen ein höheres Gewicht sowie einen deutlich höheren Preis, sodass Fahrrad und Akku gut vor Diebstahl geschützt werden müssen. Pedelecs gelten rechtlich als Fahrräder und dürfen auf dem Radweg gefahren werden, während für die schnelleren S-Pedelecs und E-Bikes andere Vorschriften gelten (Versicherungskennzeichen, Führerschein, Helmpflicht).

Rennrad ⑤

Schnelles, sportliches Fahren steht bei Rennrädern im Vordergrund. Die gebückte Sitzposition wird nicht immer als bequem empfunden und verringert die Übersicht. Die schmalen Reifen schränken die Nutzung bei schlechtem Wetter und Straßenbelägen sehr ein. Die leichtgewichtigen Rahmen tragen kein oder nur wenig Gepäck.

Mountainbike ⑥

Mit ihren dicken Reifen und der Federung sind Mountainbikes eher im Gelände zu Hause. Dennoch erfreuen sie sich auch in der Stadt großer Beliebtheit. In der Regel müssen Lichtanlage und Klingel nachgerüstet werden; auch Schutzbleche und Gepäckträger fehlen häufig, sodass nach dem Kauf noch weitere Kosten und teilweise langwierige Montagen hinzukommen.

Faltrad ⑦

Eignet sich hervorragend für die Mitnahme in Bussen und Bahnen und findet gefaltet in jeder Wohnung und unter jedem Schreibtisch Platz. Nach kurzer Eingewöhnung fahren sich Falträder trotz kleiner Reifen wie ein »normales« Fahrrad. Die Möglichkeiten zum Gepäcktransport sind eingeschränkt. Gute Falträder und ihr Zubehör sind allerdings nicht günstig.

Transport- oder Lastenrad ⑧

Für den alltäglichen Transport von größeren Lasten oder Kindern sind diese Räder für viele Menschen die erste Wahl. Insbesondere dreirädrige Lastenräder erleichtern das Ein- und Aussteigen von Kindern. Mit einspurigen Modellen sind Sie schneller und auch wendiger. Aufgrund des hohen Preises benötigen Sie einen diebstahlsicheren Unterstand.

Liegerad ⑨

Wegen des geringeren Luftwiderstands hervorragend für zügiges Radfahren über längere Strecken geeignet. Die andere Sitzposition ist etwas gewöhnungsbedürftig. Für den Stadtverkehr aufgrund der geringeren Übersicht – Sie sitzen etwas tiefer als die Autofahrer – nur bedingt geeignet. Die Auswahl ist groß, aber da Liegeräder nur in kleinen Stückzahlen produziert werden, sind sie recht teuer.

Spezialrad

Auch für Menschen mit körperlichen Einschränkungen finden sich gute Angebote auf dem Fahrradmarkt: Dreiräder mit hoher oder niedriger Sitzposition, Kombination aus Liege- und Tourenrad, Fahrräder, an die Rollstühle gekoppelt werden können, sowie Modelle für kleine Menschen. Aufgrund der hohen Preise sollten Sie sich eingehend beraten lassen und Kostenübernahmen durch Sozialversicherungen vor dem Kauf klären.

Noch mehr fahrbare Untersätze

Nicht nur Fahrräder, auch andere fahrbare Untersätze machen Ihren Alltag leichter. Wenn Sie gerne rollen, dann könnte auch ein Longboard oder ein Tretroller ein brauchbares Fortbewegungsmittel für Sie sein.

Longboard

Aufgrund ihrer Länge, des größeren Achsabstands und des weicheren Materials der Rollen sind Longboards im Gegensatz zum bekannteren Skateboard auch für längere Wege und weniger glatte Untergründe sowie höhere Geschwindigkeiten geeignet. Daher sind Longboards eher ein Fortbewegungsmittel als für Kunststücke gedacht.
Für das gemütliche Fahren finden Sie eine breite Auswahl. Dabei sollten Sie auf die Qualität von Rollen und Lagern achten. Entscheidend ist das persönliche Fahrgefühl. Probieren Sie am besten verschiedene Longboards aus, und machen Sie sich mit den diversen Optionen vertraut. Als Anfänger sollten Sie die ersten Meter jenseits der Straße zurücklegen, Bremsen üben und keinesfalls auf Schutzkleidung verzichten.

Tretroller/Footbike

Kinder lieben sie, und auch für Erwachsene können Tretroller ein tolles Fortbewegungsmittel sein. Man ist doppelt so schnell wie zu Fuß, darf alle Wege benutzen und kann einfach entspannt dahingleiten. In Bussen und Bahnen können viele Roller kostenlos mitgenommen werden, sodass man Fußwege gut verkürzen kann.
Aufgrund weniger beweglicher Teile und fehlender Lichtanlage sind Preis und Wartungsaufwand deutlich geringer als beim Fahrrad. Ab 300 Euro bekommen Sie bereits gute Modelle.
Da man mit dem Roller wegen des niedrigen Schwerpunkts nicht umfallen und ihn auch einfach schieben kann, ist er eine gute Alternative bei Bewegungseinschränkungen. Durch den erweiterten Bewegungsradius kann man flexibel am Alltag teilnehmen und bleibt außerdem fit.

ROLLERTYPEN

Faltbare Tretroller/Scooter
Diese Modelle sind klein und wendig. Für höheren Fahrkomfort sind Räder mit einem Durchmesser von mindestens 200 Millimeter bzw. 12 Zoll wichtig. Dabei können Sie zwischen Luftbereifung und Hartgummirollen wählen. Modelle mit größeren Luftreifen bis zu 26 Zoll, die sich deutlich von Kindermodellen unterscheiden, werden ebenfalls angeboten.

Stadtmodelle
Für die Stadt können Sie zwischen Modellen mit unterschiedlichen Reifengrößen wählen. Achten Sie auf Schutzbleche und eine Möglichkeit für den Gepäcktransport: Entweder montieren Sie einen Fahrradkorb vorne am Lenker oder einen Gepäckträger über dem Vorderrad.

Für Touren, Sport und Cross
Leichte Roller mit hochwertigeren Lagern eignen sich auch für längere Ausflüge und ambitioniertes Fahren. Mit Modellen mit gröberer Bereifung können Sie auch mit Ihrem Hund einen Waldspaziergang unternehmen. Dazu gibt es Befestigungen für eine Hundeleine.

Der Fahrradkauf

Idealerweise kaufen Sie Ihr Fahrrad beim Händler in Ihrer Nähe, der auch Wartung und Reparaturen anbietet. Dadurch haben Sie meist einen festen Ansprechpartner, der Sie sicher auch in Zukunft wieder als Kunden begrüßen möchte.

Service und Beratung

Große Ketten von Fahrradhändlern oder Onlineshops bestechen durch eine große Auswahl und günstige Preise. Das kann aber unter Umständen zulasten der Beratung und des späteren Services gehen. Grundsätzlich abzuraten ist vom Fahrradkauf in Baumärkten oder Discountern. Auf Fahrradflohmärkten und in Gebrauchtwarenhäusern können Sie günstige gebrauchte Fahrräder finden. Nehmen Sie dazu am besten fachkundige Begleitung mit, die mögliche Mängel am Rad erkennt.

Bei einem Alltagsrad werden Sie Kompromisse eingehen müssen: Weniger Gewicht und mehr Gänge bedeuten meist einen höheren Preis. Eine wartungsarme Nabenschaltung ist schwerer und mit vielen Gängen auch teurer als eine Kettenschaltung.

Auf Kompatibilität achten

Für den Transport von Kindern und Gepäck müssen Sie die maximale Zuladung des Fahrrads beachten (Fahrer plus Gepäck). Diese sollte mindestens 120 Kilogramm betragen. Kaufen Sie Kindersitz und Fahrrad am besten gleich zusammen. So können Sie sicherstellen, dass der gewünschte Sitz auch auf Ihr Rad montiert werden kann. Möchten Sie lieber einen Fahrradanhänger nutzen, müssen Sie ebenfalls darauf achten, dass Ihr Fahrrad dafür geeignet ist.

Unterstützung gefällig?

Schlussendlich müssen Sie sich auch entscheiden, ob aufgrund Ihrer körperlichen Verfassung oder einer bergigen Topografie der Kauf eines Elektrofahrrads sinnvoll ist. Allerdings wiegen diese Fahrräder schnell um die 25 Kilogramm und kosten rund 2.000 Euro. Ein hochwertiges »normales« Fahrrad bekommen Sie für die Hälfte.

Nehmen Sie sich Zeit für die Entscheidung, und kaufen Sie Ihr Fahrrad möglichst nicht im Frühjahr oder Sommer. Denn im Herbst und Winter haben die Händler meist mehr Zeit für Beratung und auch das eine oder andere Sonderangebot parat.

ACHTEN SIE BEIM FAHRRADKAUF AUF FOLGENDE AUSSTATTUNGSMERKMALE:

- Das Fahrrad entspricht der StVZO.
- feste Lichtanlage mit Standlicht und Nabendynamo
- Batterielicht (insbesondere für Kinder- und Falträder)
- stabiler Gepäckträger (für 25 Kilogramm oder mehr)
- eventuell Lowrider am Vorderrad
- stabiler Hinterbau- oder Zweibeinständer
- Hydraulik-, Scheiben- oder Rücktrittbremse
- Reifen mit Pannenschutz und Reflexstreifen
- tiefgezogene Schutzbleche
- Bohrungen für Flaschenhalter
- stabiles Fahrradschloss

Auf der Webseite des ADFC finden Sie eine erweiterte Checkliste, die Ihnen beim Kauf eines Fahrrads behilflich sein kann.

Ergonomie

Egal, ob Sie ein neues Rad kaufen oder ein bereits vorhandenes in Zukunft mehr nutzen: Sie benötigen ein Fahrrad, das zu Ihnen passt und mit dem Sie unbeschwert auch längere Strecken fahren können.

Professionelle Beratung ist Gold wert

Sehr viele Radfahrer sitzen zu tief auf dem Rad, sodass es zu Kniebeschwerden oder Schmerzen in der Achillessehne kommt. Häufig treten auch Probleme mit den Handgelenken auf, weil ein zu hoher Lenker die Oberkörperneigung begrenzt und Hände und Schultern unter Druck setzt. Fragen Sie Ihren Fachhändler nach einer Ergonomieberatung, bevor Sie ein hochwertiges Fahrrad kaufen. Lassen Sie sich keinesfalls ein Sonderangebot aufschwatzen, auf dem der Händler Ihnen keine bequeme Sitzposition einstellen kann. Gerade bei bestehenden Beschwerden ist es wichtig, das Fahrrad optimal auf Sie abzustimmen. Wenn Sie sehr viel fahren wollen oder müssen, leisten Sie sich eine professionelle Beratung bei einem Fachmann, der sich mit Fahrradergonomie auskennt und bei dem auch die Satteldruckmessung ein Teil der Beratung ist.

In Balance

Ein wichtiger Faktor ist die Beschaffenheit des Sattels. Der Sattel darf nicht zu weich sein und muss so geformt sein, dass die gesamte Beckenunterseite bei geneigtem Becken aufliegen kann. Die Sitzbeinhöcker berühren den Sattel nicht und sind daher kein Kriterium für die Sattelauswahl. Wenn Sie auf dem Sattel nach vorne rutschen, ist er zu breit.

Ein gut eingestelltes Rad bringt Sie in die Balance über Sattel und Lenker, sodass Sie agil und mit hoher Dynamik fahren. Die Kontaktpunkte Sattel und Lenker sind dabei nicht passiv belastet (Kartoffelsackhaltung), sondern eher lockere bestimmende Position. Auf der folgenden Seite bekommen Sie einen Überblick, wie Sie Ihr Fahrrad selbst richtig einstellen können.

DREI MASSE BESTIMMEN DIE RICHTIGE EINSTELLUNG EINES FAHRRADS

(nach Juliane Neuß)

Die maximale Sattelhöhe ①

Der Sattel wird so hoch eingestellt, dass Sie bei gestrecktem Bein und angehobener Ferse (fast gestrecktem Fuß) mit dem Fußballen auf dem Pedal stehen. Beim Treten ist das Bein im tiefsten Punkt leicht angewinkelt.

Das Knie-Lot ②

Nachdem Sie die Sattelhöhe auf die maximale Höhe gebracht haben, stellen Sie die Sattelposition so ein, dass bei waagerechter Pedalposition das Knielot über oder vor der Pedalachse ist. Dazu wird der Sattel in der Waagerechten nach vorne oder hinten verschoben.

Die Sitzlänge ③

Stellen Sie den Lenker so ein, dass bei gestrecktem Rücken der Schulter-Arm-Winkel 90 Grad beträgt und Ihre Oberkörperneigung ausreicht, um den Körperschwerpunkt über das antreibende Pedal zu bringen (30 bis 45 Grad). Dabei können Sie entspannt ohne hochgezogene Schultern geradeaus schauen. In der optimalen Griffposition sind die Arme leicht angewinkelt, um Stöße abfangen zu können.

Moderne Alternativen zum eigenen Rad

Wenn Sie kein eigenes Rad besitzen oder auf Reisen sind, können Sie in größeren Städten auf eine Vielzahl von Leihrädern zurückgreifen. Sehr gefragt sind mittlerweile auch Diensträder. Erkundigen Sie sich bei Ihrem Arbeitgeber danach.

Bikesharing

Der Markt für Leihräder wird in deutschen Städten vor allem von zwei großen Anbietern bestimmt, von dem Leipziger Unternehmen Nextbike (45 Städte) und von der Deutschen Bahn unter dem Namen Call-A-Bike (in Berlin Lidl-Bike, 50 Städte). Um die Räder zu nutzen, ist eine Registrierung notwendig, die Sie bequem in der jeweiligen App erledigen können.
Leider unterscheiden sich die Konditionen von Stadt zu Stadt: In Hamburg, Lüneburg und Stuttgart fahren Sie mit Call-A-Bike die ersten 30 Minuten kostenlos, während in den anderen Städten 1 bis 1,50 Euro fällig werden. Beide Anbieter bieten auch einen Komforttarif an, mit dem die erste halbe Stunde kostenfrei ist. Weitere Rabatte können Sie mit Ihrer Bahncard oder als Kunde kooperierender Verkehrsunternehmen erhalten.
Die Rückgabe kann in der Regel an beliebigen Kreuzungen innerhalb des Stadtgebietes erfolgen, in manchen Städten jedoch nur an festgelegten Sta-

tionen oder am Bahnhof. Teilweise wird die Rückgabe an fixen Stationen oder in bestimmten Zonen mit einer Gutschrift belohnt.
Mittlerweile testen immer neue Anbieter den Markt. Nehmen Sie sich Zeit, und informieren Sie sich, welche Konditionen und Rahmenbedingungen für Ihre Bedürfnisse am günstigsten und komfortabelsten sind.

Dienstrad statt Dienstwagen

Im Jahr 2012 übertrug der Gesetzgeber das Dienstwagenprivileg auch auf Fahrräder, die der Arbeitgeber seinen Mitarbeitern überlässt. Dabei least der Arbeitgeber dem Angestellten das Rad für drei Jahre. Dieser bekommt die monatliche Leasingrate und die Versicherungskosten direkt von seinem Gehalt abgezogen. So verringert sich die Einkommenssteuer. Gegengerechnet wird der geldwerte Vorteil von einem Prozent des Fahrradwerts. Bei Vertragsende können Sie das Fahrrad zum Restwert übernehmen oder sich ein neues aussuchen.
Je nach Steuerklasse und Fahrradpreis können Sie 30 bis 50 Prozent des Listenpreises sparen. Mittlerweile gibt es eine Vielzahl von Firmen (beispielsweise Jobrad, Lucky-Bike, Mein Dienstrad) und auch Fahrradhändler, die Fahrräder zum Leasen anbieten. Kein Wunder, dass schon bis zu 200.000 Fahrräder nach diesem Modell unterwegs sein sollen.

Alltag mit dem Fahrrad

Auch Fahrräder benötigen einen Parkplatz und müssen vor Diebstahl geschützt werden. Die Akten müssen trocken und sicher ins Büro und die Einkäufe bequem nach Hause kommen. Außerdem wollen Sie problemlos Ihren Weg durch die Stadt finden, ohne zeitraubende Umwege in Kauf zu nehmen.

Das Fahrrad abstellen

Da der Antrieb eines Fahrrads Wind und Wetter ungeschützt ausgesetzt ist, sollten Sie einen möglichst trockenen Platz für Ihr Rad finden. Im besten Fall ist dies ein ebenerdiger oder über eine Rampe zu erreichender Fahrradraum. Allzu oft gilt es aber, morgens und abends eine schmale Kellertreppe zu überwinden, oder es bleibt nur ein Platz unter freiem Himmel. Letzteres führt zu einem erhöhten Aufwand für die Pflege.
Steht Ihr Fahrrad regelmäßig ohne Überdachung draußen, sollten Sie die Anschaffung einer Regenhülle in Erwägung ziehen. Es kann sich auch lohnen, den Vermieter anzusprechen und nach geschützten Fahrradständern oder Fahrradboxen zu fragen. Für Eigenheimbesitzer bieten sich Boxen auf dem eigenen Grundstück als platzsparende Lösung an.
Für Fahrräder in der Wohnung gibt es Wandhalterungen, die Rad und Mobiliar vor dem Umfallen schützen. Auch beim Abstellen auf dem Balkon sollten Sie darauf achten, dass das Rad trocken steht.

Sicher ist sicher

Zu jedem Fahrrad gehört ein gutes Schloss. Sparen Sie hier nicht beim Kauf; ein Fahrradschloss darf ruhig fünf bis zehn Prozent des Fahrradpreises kosten. Viele Hersteller geben Sicherheitsklassen an, an denen Sie sich orientieren können.
Die »Stiftung Warentest« nimmt regelmäßig Fahrradschlösser unter die Lupe und bewertet seit Jahren Bügelschlösser am besten. Faltschlösser bieten meist nicht so viel Sicherheit, sind aber wesentlich flexibler in der Handhabung. Kettenschlösser sind zwar sehr stabil und ebenfalls gut handhabbar, aber leider mit rund zwei Kilogramm auch schwer.
Von dünnen Spiral- oder Speichenschlössern, die keinen Schutz vor dem Wegtragen bieten, sollten Sie lieber die Finger lassen. Auf jeden Fall gilt: Schließen Sie Ihr Fahrrad immer ab!

DREI GRUNDREGELN FÜR DAS SICHERE ABSTELLEN

- Das Fahrrad an feststehende Gegenstände anschließen; sonst kann es weggetragen werden.
- Das Schloss so hoch anbringen, dass es nicht auf dem Boden aufliegt und einen Angriffspunkt bietet.
- Schließen Sie Ihr Fahrrad an gut einsehbaren Abstellanlagen an. Dann kann niemand unbemerkt Ihr Schloss knacken.

Moderne Diebstahlsicherungen setzen auf das Smartphone, Bluetooth und Bewegungssensoren. Die Marktreife hat bisher kein Modell erreicht. Allerdings können Sie Ihr Fahrrad auf Webseiten wie ⓘ **www.fahrrad-jaeger.de** registrieren und hoffen, es mithilfe der Crowd im Falle eines Diebstahls wiederzufinden.
Damit Sie beim Verlust Ihres Fahrrads nicht auf dem finanziellen Schaden sitzen bleiben, sollten Sie Ihr Fahrrad versichern. Prüfen Sie zunächst, ob und bis zu welcher Summe Fahrräder in einer vorhandenen Hausratversicherung ersetzt werden. Andernfalls schließen Sie eine separate Versicherung ab. Auch hier ist ein Vergleich der Anbieter sinnvoll, denn bei den Versicherungen unterscheiden sich die Bedingungen, unter denen ein Fahrrad versichert ist, wie Tageszeit, Schlossart oder Ort.

Wege finden – Orientierung

Angenehme und ruhige Wege zum Radfahren finden Sie in Fahrradstadtplänen, die mittlerweile für viele Städte erhältlich sind. Leider gibt es deutliche Unterschiede in der Systematik und dem Turnus der Aktualisierung, sodass manche Pläne nur zum groben Überblick taugen.
Webseiten wie Berlin by Bike (ⓘ **www.bbbike.de**) bieten die Möglichkeit, sich seine Wege vorab bequem am Computer zu suchen. Nutzen Sie die verschiedenen Wahlmöglichkeiten, um zwischen schnellen direkten und grünen Wegen Ihren eigenen zu finden. Mittlerweile wird dieser Online-Radroutenplaner über ⓘ **www.bbike.org** für viele deutsche und europäische Städte angeboten. Über Apps kann man auf dem Smartphone bequem auf die Seiten zugreifen. Natürlich können Sie sich Wegbeschreibung samt Karte auch ausdrucken.
Der ADFC organisiert in vielen Städten Neubürger-Radtouren, auf denen Sie Ihre Stadt mit dem Fahrrad besser und anders kennenlernen können. So entdecken Sie Schleichwege, Abkürzungen sowie gute Verbindungen zwischen den Innenstädten und den Stadtteilen.

Pflege des Fahrrads

Fahrräder müssen regelmäßig gepflegt und gewartet werden. Andernfalls sinkt der Fahrspaß und das Pannenrisiko steigt. Aber keine Sorge, Sie müssen deswegen kein Fahrradmechaniker werden. Einfache Defekte jedoch können Sie unter Anleitung leicht beheben. Mit der Zeit entwickeln Sie sicherlich ein Gespür, wann professionelle Hilfe nötig ist.

Die Wartung Ihres Fahrrads

Zugegeben, es gibt schönere Tätigkeiten, als sein Fahrrad zu putzen. Dennoch verdient Ihr Drahtesel Aufmerksamkeit. Kette und Lager sind empfindlich gegen Wasser und Sand, die Bowdenzüge längen sich mit der Zeit, und die Reifen verlieren – wie alle Luftreifen – stetig etwas an Druck. Mit einem gut gepflegten Fahrrad hingegen gleiten Sie lautlos und sicher dahin.

Die regelmäßige Wartung Ihrerseits und die mindestens jährliche professionelle Inspektion schützen Sie vor bösen Überraschungen. Denn alle beweglichen Teile am Fahrrad verschleißen und müssen rechtzeitig ausgetauscht werden.

DIE WARTUNG

Folgende Dinge sollten Sie regelmäßig prüfen und gegebenenfalls nachbessern (lassen):

- monatlich die Reifen voll aufpumpen
- Kette leicht fetten (gegebenenfalls spannen und wechseln)
- Bremsen nachstellen
- Schaltung bei Bedarf einstellen (lassen)
- putzen/zugleich optische Prüfung
- Laufräder auf Höhen- oder Seitenschlag kontrollieren; ebenso die Lager
- Lenker und Gabel auf festen Sitz prüfen
- Lichtanlage kontrollieren

Empfehlenswert ist außerdem eine jährliche Inspektion in der Fachwerkstatt.

Kleine Reparaturen

Sobald sich Ihr Fahrrad mit Geräuschen bemerkbar macht, sollten Sie der Ursache auf den Grund gehen. Oftmals lockern sich die Schrauben von Schutzblechen und Gepäckträgern; sie können aber ebenso leicht wieder festgezogen werden.

Hilfe bei Reparaturen bieten Ihnen übrigens viele Selbsthilfewerkstätten und Repair-Cafés, in denen Ihnen Fahrradenthusiasten mit Rat und Tat zur Seite stehen. Sie finden diese häufig beim oder über den ADFC.

ADFC-Mitglieder können seit Kurzem auch eine Pannenhilfe in Anspruch nehmen. Der Rund-um-die-Uhr-Service bemüht sich um Reparatur vor Ort oder den Transport in die nächste Werkstatt. Des Weiteren bietet der Fahrrad-Club einen Fahrradschutzbrief an, der auch außerhalb Deutschlands gilt und weitere Leistungen wie Übernachtung, Leihräder und Rücktransport einschließt.

Bücher zur Fahrradreparatur gibt es in guter Auswahl für jeden Anspruch. Hervorzuheben ist ein E-Book der »Stiftung Warentest« mit dem Titel »Fahrradreparaturen für unterwegs«, das auf nur 44 Seiten das Wichtigste übersichtlich zusammenfasst und zur Selbsthilfe anleitet.

WERKZEUG UND ERSATZTEILE

Mit diesen Werkzeugen und Ersatzteilen sind Sie für kleinere Reparaturen und die regelmäßige Wartung bestens ausgestattet:

- (Stand-)Luftpumpe mit Manometer und Aufsatz für verschiedene Ventile (zum Beispiel von Dunlop, Auto, Sclaverand)
- Flickzeug mit Reifenhebern
- Inbusschlüsselsatz
- Kreuzschlitzschraubendreher
- Satz Maul- und Ringschlüssel
- Kombizange
- Seitenschneider/Seilschneider
- Wasserpumpenzange
- Nietendrücker
- gegebenenfalls Multitool
- Schlauch
- Mantel
- Felgenband
- Kettenfett/-öl
- Lampe (bei LED wenig sinnvoll)
- Ventile
- Kettenschloss
- Schrauben und Muttern
- Bowdenzüge
- Montage- oder Einmalhandschuhe

Radfahren mit Kindern

Eines ist klar: Kindern macht Radfahren Spaß. Diejenigen unter ihnen, die ihren Gleichgewichtssinn bereits mit dem Laufrad trainiert haben, können mit wenig Übung auch ein passendes Fahrrad fahren. Kleinere Kinder fühlen sich geborgen bei der Fahrt auf dem Kindersitz oder im Anhänger.

Kindersitze

Auf ein stabiles Fahrrad können Sie meist problemlos einen Kindersitz montieren. Nehmen Sie Ihr Fahrrad am besten zum Kauf mit. Durchgesetzt haben sich Systeme, bei denen am Sattelrohr eine Klemme befestigt ist, in die die Streben des Kindersitzes gesteckt werden, sodass der Sitz sicher befestigt ist und Stöße abgefedert werden. Dafür müssen zwischen Gepäckträger und Sitz einige Zentimeter Platz sein. Von der Montage auf einen ungefederten Gepäckträger raten wir hingegen ab.
Achten Sie darauf, dass der Bezug des Kindersitzes abnehmbar und waschbar ist. Federn am Sattel sollten Sie abdecken oder vermeiden, um einer Verletzungsgefahr vorzubeugen. Beim Kauf sollten Sie auch an eine Abdeckhaube als Regenschutz denken. Ihr kleiner Passagier wird es Ihnen danken. Die Bedienung der Gurte sollte einhändig erfolgen können, sodass Sie immer eine Hand am Rad haben.
Bedenken Sie, dass sich durch das Kind der Schwerpunkt des Fahrrads verändert. Am besten üben Sie das Fahren mit besetztem Kindersitz auf ruhigen und übersichtlichen Straßen. Um das Ein- und Aussteigen der Kinder zu erleichtern, sollte das Fahrrad mithilfe eines Hinterbau- oder Zweibeinständers unter dem Tretlager fest stehen. Beim Zweibeinständer empfiehlt sich zudem eine Lenkerdämpfung.

Kinderanhänger

Sobald Sie zwei Kinder oder auch mehr Gepäck mitnehmen möchten, lohnt sich der Kauf eines Fahrradanhängers. Darin sitzen die Kinder bequem vor Wind und Wetter geschützt nebeneinander, sodass sie sich unterhalten und miteinander spielen können. Mit einer Sitzschale oder -verkleinerungen können die Anhänger auch mit sehr kleinen Kindern genutzt werden. Wenn Sie sich nicht gerade für ein sehr sportliches Modell entscheiden, ist hinter der Sitzbank genug Platz für Spielzeug oder Einkäufe.

Beim Kauf sollten Sie darauf achten, dass die Kupplung an alle Erwachsenenfahrräder passt, mit denen der Hänger später gezogen werden soll. Dann können Sie den Anhänger vor der Kita parken, und am Nachmittag holt jemand anderes die Kinder ab. Viele Modelle können Sie auch als Buggy nutzen. Dabei wird in der Regel die Deichsel entfernt, und als Zubehör erhältliche Räder können angesteckt werden.
Die meisten Anhänger lassen sich platzsparend falten. Modelle mit einer festen Bodenwanne schützen gut gegen Spritzwasser, und die Kinder können besser selbstständig einsteigen, gleichzeitig schlagen sie aber mit einem höheren Gewicht und Packmaß zu Buche. In höheren Preiskategorien werden auch Anhänger mit Federung angeboten. Mit breiteren Reifen, die mit niedrigem Luftdruck gefahren werden, können Sie aber bereits einige Unebenheiten abfedern.
Ein Muss hingegen sind eine gute Feststellbremse und ein Rücklicht. Bei intensiverer Nutzung sind ein zusätzliches Regenverdeck und bei fehlender Möglichkeit, den Hänger unterzustellen, eine Abdeckplane ein sinnvolles Zubehör.

Testen Sie das Fahren mit dem Anhänger am besten zunächst ohne Kinder. Denn die größere Gesamtlänge, ein veränderter Wendekreis und die Breite des Anhängers erfordern ein umsichtigeres Fahren und eine bessere Routenplanung. Schmale Wege und Umlaufsperren sollten Sie meiden. Achten Sie bei Verkehrsinseln unbedingt darauf, dass Sie mit dem gesamten Gespann weg von der Straße sind. Da die Anhänger ungebremst sind und meist mit bis zu 50 Kilogramm beladen werden dürfen, müssen Sie Ihre Geschwindigkeit darauf anpassen und dürfen keinesfalls schneller als 25 Kilometer pro Stunde fahren.

Kinderfahrräder

Der Umstieg auf das erste eigene Fahrrad erfolgt am besten zwischen vier und fünf Jahren vom sicher beherrschten Laufrad. Da die Kinder dort bereits das Halten des Gleichgewichts gelernt haben, fällt ihnen das Fahren auf einem Fahrrad leichter. Mit einem guten und hochwertig verarbeiteten Fahrrad werden Ihre Kinder viel Freude am Radfahren haben. Aber überraschen Sie Ihr Kind nicht mit einem Fahrrad, auf dem es nicht schon probeweise gesessen hat und gefahren ist. Verzichten Sie unbedingt auf Stützräder. Mit diesen lernen die Kinder beim Kurvenfahren den genau entgegengesetzten – falschen – Bewegungsablauf: Sie legen sich in der Kurve nach außen statt nach innen.
Steht das Kind zum Beschleunigen häufig auf, kontrollieren Sie die Sitzhöhe und -länge. Auch ein zu breiter Sattel kann die Ursache sein, wenn Kinder sich weigern, auf dem Sattel sitzend zu fahren. Zu lange Tretkurbeln (zum Beispiel mit 170 Millimeter Länge) behindern die Kinder beim Treten und führen ebenfalls zu einer schlechten Sitzhaltung.
Wichtig ist auch die Breite des Lenkers. Ist er zu breit, verdrehen die Kinder ihre Hände oder fahren mit weit abgespreizten Armen. Beim Umschlagen des Vorderrads könnten die Kinder sich zudem verletzen.
Die Bremsen müssen leichtgängig sein und die Bremsgriffe von den Kindern bedient werden können, ohne dass sie den sicheren Griff um den Lenker verlieren. Gleiches gilt für die Schaltung – im Zweifelsfall verschieben Sie den Kauf eines Kinderfahrrads mit Schaltung. Bei der Beleuchtung sind Nabendynamo und LED-Beleuchtung heute Standard.

Trailerbikes

Auf längeren Strecken oder verkehrsreichen Wegen benötigen Kinder oftmals noch Unterstützung beim Radfahren. Bei einem typischen Trailerbike wird ein einrädriges Rad als Anhänger fest mit dem Erwachsenenfahrrad verbunden. Nachteilig ist dabei häufig, dass die Verbindung zum Kinderrad nicht steif genug ist, die Kinder manchmal schräg auf dem angehängten Rad sitzen und der Gepäckträger nicht mehr voll nutzbar ist.

Das »Follow me«-System vermeidet diese Nachteile, indem eine aufwendigere Konstruktion zum Anhängen eines Kinderrades (12 bis 20 Zoll) genutzt wird, die tief auf zwei Seiten der Achse des Hinterrads liegt und somit stabil ist. Das Kinderrad wird je nach Bedarf an das Erwachsenenfahrrad gekoppelt, und das Kind kann so einige Strecken auch alleine fahren. Gegen eine Anschaffung sprechen unter Umständen der hohe Preis und die notwendige Entscheidung für ein Fahrrad, das mit dem System ausgerüstet werden kann.

Autofrei leben – der andere Blick

Ein Leben ohne Auto. Bei den meisten Zeitgenossen zaubern diese Worte eine Spur des Mitleids ins Gesicht. Warum tut er sich das an? Wie bringt er denn seine Einkäufe nach Hause? Und wenn es regnet – es regnet doch so oft, gerade im Juli. Im Winter, fällt er da nicht dauernd vor ein Auto, und ist er nicht ständig erkältet? Wenn er mal weiter wegwill?

Das sind ein paar Impressionen aus dem Realitätsausschnitt der Unbedarften. Es gibt jedoch auch ein anderes Fenster in die Welt.

Ein Sommertag wird durch ein Kurzgewitter unterbrochen. Ich sitze in der Arbeit und schaue auf dem Regenradar, wie lange das wohl noch dauert. Die Technik verspricht eine trockene Heimfahrt 20 Minuten nach dem ursprünglich geplanten Aufbruch. Passt, dann arbeite ich noch ein paar E-Mails mehr ab … ich setze mich mit den letzten Tropfen auf mein Radl und fahre durch die dampfende Stadt. Der heiße Asphalt hat den Regen gut aufgeheizt, warmes Wasser aus den Pfützen spritzt mir äußerst angenehm in die offenen Sandalen.

Ja, es gibt auch Gewitter, die einem so gar nicht passen. Meiner Beobachtung nach ist das aber nur eine Handvoll pro Jahr, die ich überhaupt nicht umgehen kann.

Ein weiterer heißer Tag im Sommer. Heimweg auf dem normalen Weg oder gleich eine Tour zum See durch den kühlen Wald dranhängen? Zeit habe ich, also raus aus der Stadt. Auf den Straßen stehender Berufsverkehr … Ich lasse die Szenen hinter mir und radle vergnügt durch den Park, dessen Bäume mir Schatten spenden. Der Parkplatz am See ist so voll, dass der Rückstau auf die Straße reicht und die Neuankömmlinge versuchen, ihre Autos in den Büschen am Straßenrand unterzubringen. Ich fahre zu dem Steg, der am weitesten von den Parkplätzen und damit von den Massen weg ist, und genieße in Ruhe den Blick übers Wasser auf die Berge.

Frühwinter, fast zehn Zentimeter Neuschnee. Ich habe mein vollgefedertes Mountainbike mit fetten Spikereifen ausgestattet. Das ergibt das beste Verkehrsmittel für den Winter, damit komme ich immer durch. Ich stecke die Lichter auf, und los geht's. Erst mal auf einem Feldweg durch den Neuschnee. Die Federung dämpft alles gut weg, Traktion hat es genug auf dem Untergrund aus Schotter, und ich ziehe eine schöne Linie in den Schnee, wie beim Skilanglauf ohne gespurte Loipe …

Jochen Michel, Germering

Bekleidung

Ein Blick in die Niederlande zeigt, dass dort kaum jemand in spezieller Fahrradkleidung unterwegs ist. Denn bei Wegen um die fünf Kilometer, bei denen Sie nicht länger als 20 bis 30 Minuten unterwegs sind, reicht normale Alltags- oder auch die Arbeitskleidung zum Radfahren völlig aus. Für längere Wege und den Wechsel vom Saisonradfahrer zum Alltagsradler kann die Anschaffung spezieller Kleidung sinnvoll sein.

Jacken und Oberbekleidung

Der Fahrtwind kühlt Radfahrer aus. Hier hat sich das Schichtenprinzip bewährt. Die erste Schicht leitet den Schweiß weg vom Körper, die zweite wärmt, und die dritte schützt vor Wind und Regen.

Da sich Ihr Körper beim Radfahren nach kurzer Zeit sicherlich erhitzt, sollte die Bekleidung nicht zu warm gewählt sein, sondern Schutz gegen auskühlende Feuchtigkeit in Form von Schweiß bieten. Unterwäsche aus Kunstfaser ist hierfür besser geeignet als Baumwolle, die durch die Feuchtigkeit aufquillt. Die nächste Schicht bilden Hemden oder Pullover, die je nach Jahreszeit warm halten.

Eine Jacke zum Radfahren sollte am Rücken länger geschnitten sein und etwas längere Ärmel aufweisen. Je nach Wetter reicht ein einfacher Blouson, eine wasserabweisende Softshelljacke oder eine wasserdichte atmungsaktive Jacke, die zusätzlich über eine gut sitzende Kapuze und

Unterarmbelüftung verfügen sollte. Helle Jacken und reflektierende Elemente erhöhen übrigens auch die Sichtbarkeit von erwachsenen Verkehrsteilnehmern.

In der kälteren Jahreszeit schützt ein Pullover oder eine Strickjacke, die nach der Fahrt angezogen werden, vor Auskühlung. Bestimmt können Sie etwas zum Überziehen an Ihrem Arbeitsplatz deponieren.

In der Übergangszeit und auch zu einigen Tageszeiten im Sommer helfen Westen, den Oberkörper gut vor Fahrtwind zu schützen. Leichte Westen, die nur vorne den Wind abhalten und am Rücken ein Netzgewebe oder Fleecestoff haben, gibt es im Rennradbereich.

Hosen und Röcke

Hosen dürfen die Beweglichkeit auf dem Fahrrad nicht einschränken und im Sitzbereich keinesfalls durch Nähte scheuern. Auf kürzeren Strecken spielt dies meistens keine große Rolle. Auf längeren Strecken hingegen sitzen Sie auf dem Sitzpolster einer speziellen Fahrradhose bequemer. Mittlerweile finden Sie ein breites Angebot von Hosen in einer Optik, die sich auch für das Büro eignet.

Auch bei Hosen gilt: Kunstfasern leiten den Schweiß besser ab und trocknen auch deutlich schneller als Baumwolle. Leider nehmen sie den Körpergeruch schneller an. Bei leichtem Regen benötigt man bei Kunstfasern allerdings keinen Regenschutz.

Vor dem Kontakt mit der Fahrradkette schützen Klammern oder praktische Reflektorbänder aus Metall, die sich fast von alleine um den Knöchel binden. Viele Firmen und Vereine verteilen diese übrigens kostenlos.

Röcke und Kleider sind nur bedingt zum Radfahren geeignet, weil sie leicht in die Speichen gelangen können. Achten Sie als Radfahrerin darauf, einen weiten Rock mit Klammern oder Ähnlichem zusammenzuhalten – oder machen Sie einfach einen Knoten.

Schuhe

Eigentlich können Sie in allen Schuhen Fahrrad fahren. Bei lockeren Sandalen oder Flipflops ist allerdings Vorsicht geboten, da Sie damit leicht abrutschen können. Mit einer festen Sohle wird die Kraft am besten auf die Pedale übertragen. Gut sitzende Halbschuhe, in denen Ihre Füße festen Halt haben, erfüllen diese Anforderung meist.

Klickpedale und passende Schuhe erhöhen die Kraftübertragung und sind

vor allem für längere Fahrten interessant. Auf normalen Strecken ist der Zeitvorteil extrem gering und das Laufen in den Schuhen mit Bodenplatte wenig komfortabel.
Mit einer mikroporösen Membran wie Gore-Tex® oder Sympatex® schützen Sie Ihre Füße optimal vor Nässe durch Regen und Spritzwasser.

Regenschutz

Die Mindestausstattung sind ein Regencape oder Poncho, die schnell übergeworfen werden können. Sie schützen auf kurzen Strecken vor Regen. Auf längeren Strecken werden Sie aber den Schutz vor Spritzwasser vermissen. Zudem sind Sie mit Cape oder Poncho sehr windanfällig.
Einen besseren Regenschutz bietet eine atmungsaktive Outdoor-Allround-Jacke, die in leichter Ausführung auch einfach in einer Tasche Platz findet. Eine Nummer größer gekauft, passt sie auch über normale Jacken. Achten Sie beim Kauf auf große und gut bedienbare Lüftungsöffnungen, um den Schweiß aus der Jacke leiten zu können.
Den Regenschutz ergänzt bei Bedarf eine Regenhose. Für kürzere Strecken reichen Plastik- oder beschichtetes Nylongewebe völlig aus. Sind Sie länger unterwegs und kommen ins Schwitzen, dann sollten Sie

eine Regenhose, die mit einer wasserdichten, aber -dampfdurchlässigen Membran beschichtet ist, wählen. Leider sind diese recht teuer, und aufgrund der Beinbewegung hält die Beschichtung nicht sehr lange.
Um die Füße bei Nässe warm zu halten, sind wasserdichte Gamaschen und Überschuhe bei schlechtem Wetter sinnvoll. Hierbei sollte man auf abschließende Bündchen am Bein achten.
Ausreichenden Schutz gegen leichten Regen bieten auch offene Beinlinge, sogenannte Rainmates Legs, die an Chaps aus dem Reitsport erinnern. Sie sind preisgünstig, kompakt, schnell anzuziehen, und es staut sich kaum Wärme darunter.

»ES REGNET FAST NIE«

An nur sehr wenigen Tagen im Jahr regnet es so beständig, dass man beim Radfahren garantiert nass wird. Radfahrer, die das ganze Jahr unterwegs sind, berichten immer wieder, dass sie ihr »Regenzeug« selten benötigen.
Gerard Poels aus der Nähe von Nijmegen betreibt seit 2008 die Webseite »Het regent bijna nooit« (ⓘ **www.hetregentbijnanooit.nl**) – auf Deutsch: »Es regnet fast nie« –, auf der er seinen Arbeitsweg per Fahrrad dokumentiert. Obwohl es dort fast jeden zweiten Tag regnet, wird er nur auf jeder zehnten Fahrt nass.

Handschuhe und Mützen

Im Sommer schützt eine Kappe vor Sonne und leichtem Regen. Sobald es kälter wird, wärmen winddichte Mützen beim Radfahren am besten. Dünnere Exemplare können auch unter Fahrradhelmen getragen werden. Sehr flexibel einsetzbar sind Schlauchtücher aus Mikrofaser.

Da Sie sich beim Radfahren bewegen und sich Ihr Körper ohnehin aufwärmt, benötigen Sie nicht die dicksten Handschuhe. Die meiste Zeit des Jahres reichen dünne Laufhandschuhe aus. Im tiefen Winter wärmen gefütterte wind- und wasserabweisende Handschuhe, die auch speziell zum Radfahren mit gepolsterten Handflächen angeboten werden. Achten Sie darauf, dass Sie in den Handschuhen noch gut schalten und bremsen können. Für die Bedienung des Touchscreens von Smartphones benötigen Sie Handschuhe mit leitfähiger Fingerkuppe. Mit etwas leitfähigem Faden können Sie solche Handschuhe auch selber herstellen. Dabei ist wichtig, dass Ihr Finger und die Naht verbunden sind, sonst gelingt die Aufrüstung nicht.

MIT BUS UND BAHN UNTERWEGS

Auch wenn Zufußgehen und Radfahren umweltfreundlicher sind, kommt man um die öffentlichen Verkehrsmittel bei längeren Entfernungen nicht herum. Zumindest dann, wenn man für die Fahrt nicht viel Zeit hat oder man größere Lasten transportieren muss. In Ballungszentren sind Angebote des öffentlichen Nahverkehrs fast jederzeit verfügbar. Außer dem Kauf einer passenden Fahrkarte und einem Blick in den Fahrplan sind keine großen Vorbereitungen nötig.

Gut unterwegs mit den öffentlichen Verkehrsmitteln

Zum öffentlichen Nahverkehr gehören Busse, Straßenbahnen, U-Bahnen und S-Bahnen. Inzwischen haben sich die verschiedenen Betreiber in den meisten Regionen zu Verkehrsverbünden zusammengeschlossen. Von ihnen werden die Fahrten koordiniert, und die Verbindungssuche wird erleichtert.

Verbindungssuche und Fahrpläne

Auf den ersten Blick mag es vielleicht gar nicht so leicht sein, einen Durchblick im Streckenwirrwarr zu erhalten. Doch mit der Zeit werden Sie sich sehr schnell zurechtfinden. Bei den Wegen, die Sie täglich oder regelmäßig zurücklegen, wissen Sie bald ohnehin auswendig, wann die entsprechenden Bahnen und Busse fahren.

Vor der ersten Fahrt suchen Sie sich Ihre Verbindung am besten online heraus. Auf der Webseite Ihres Verkehrsverbunds (beispielsweise ⓘ **www.vvs.de** für den Verkehrsverbund Stuttgart) finden Sie eine Verbindungssuche, in der Sie einfach Start- und Endpunkt, entweder eine Haltestelle oder eine Adresse, sowie Datum und Uhrzeit eingeben. Sie erhalten eine Auswahl an Verbindungen einschließlich der Informationen für das Umsteigen. Üblicherweise gibt es auch eine Druckfunktion, sodass Sie sich Ihre Verbindung bequem ausdrucken können und zur Erinnerung dabeihaben. Wenn Sie dieselbe Strecke öfter fahren, lohnt es sich auch, den Wochenfahrplan der Bahnen oder Busse herunterzuladen, auszudrucken oder an ein Schwarzes Brett zu kleben. Auch diese Pläne finden Sie auf der Internetseite Ihres Verkehrsverbunds.

Für Ihre üblichen Strecken merken Sie sich am besten einfach die Taktung (zum Beispiel: fährt jede halbe Stunde jeweils zwei Minuten nach – also 8:02, 8:32, 9:02, 9:32 Uhr usw.) und wann der erste und letzte Bus fahren. Viele Firmen, Hotels und andere Organisationen, die Sie besuchen möchten, haben auf Ihrer Webseite auch einen Anfahrtsplan, der Sie darüber informiert, welche S-Bahn oder welcher Bus Sie beispielsweise vom Hauptbahnhof direkt bis vor die Türe bringt.

Ganz einfach und smart unterwegs

Noch leichter geht die Suche mithilfe eines Smartphones. Die Verkehrsverbünde bieten praktische Apps an, mit denen Sie Ihre Fahrt planen können und die Sie zum Teil auch über die aktuelle Verkehrssituation und eventuelle Verspätungen informieren. Für alle Verkehrsverbünde Deutschlands einsetzbar ist die Bahn-Online-Verbindungssuche oder die DB Navigator App (siehe Linkliste Seite 120). Sie gibt Ihnen nicht nur die zu nutzenden Verkehrsmittel an, sondern liefert für die letzten Meter bis zum Ziel auch eine Wegbeschreibung in Text und Bild, ebenfalls zum Ausdrucken. Sehr beliebt auf Android-Smartphones ist die App *Öffi*, die mit wenig Speicherplatz auskommt und interessante zusätzliche Funktionen bietet. So können Sie sich die Abfahrtszeiten favorisierter Haltestellen mittels Widget auf dem Startbildschirm Ihres Smartphones anzeigen lassen. Neben fast allen deutschen Verkehrsverbünden finden Sie in *Öffi* auch den Nahverkehr vieler europäischer Länder.

Verzögerungen im Betriebsablauf

Sie kennen sicher die Ansagen, mit denen die Verspätungen von öffentlichen Verkehrsmitteln begründet werden: Verzögerungen im Betriebsablauf, der vor uns liegende Gleisabschnitt ist noch durch eine andere S-Bahn belegt, Weichenstörungen, Personen im Gleis oder gar ein Unfall.

Das ist für Sie eigentlich nur dann ärgerlich, wenn Sie Ihre Fahrt zu knapp geplant haben, sich also darauf verlassen haben, dass die Verbindung genau so klappt wie herausgesucht. Letztlich verhindern aber höhere Gewalt und manchmal auch das Verhalten einzelner Fahrgäste, dass die öffentlichen Verkehrsmittel auf die Minute pünktlich kommen. Tatsächlich ist es eine Meisterleistung, eine Straßenbahn durch eine Großstadt zu lenken

und am anderen Ende pünktlich herauszukommen. Die Straßenbahn ist von der Verkehrslage abhängig, kann durch einen schlecht abgebogenen Autofahrer, der nun bis zur nächsten Grünphase seiner Ampel die Gleise blockiert, oder durch unachtsam die Straße querende Fußgänger ausgebremst werden. Wenn der Busfahrer auf einen Fahrgast wartet, der verspätet zur Haltestelle rennt, ist das zwar nett, kostet ihn aber eine Minute, und solche Verspätungen addieren sich auf der Strecke auf.

Das heißt für Sie als Mitfahrer zweierlei: Fahren Sie rechtzeitig los, und suchen Sie sich eine wenig riskante Verbindung. Egal, mit welchem Verkehrsmittel Sie unterwegs sind, Sie brauchen immer etwas Zeitpuffer für Ihre Fahrt. Nehmen Sie darum lieber einen Bus früher.

Mit zunehmender Erfahrung finden Sie auch heraus, welche Busse und Bahnen üblicherweise pünktlich sind und welche eher nicht. Das können Sie dann von Anfang an einplanen und vielleicht eine alternative Route wählen oder einen Bus früher nehmen. Je öfter Sie umsteigen, umso höher das Risiko, dass sich fünf Minuten Verspätung zu einer halben Stunde oder mehr auswachsen. Versuchen Sie also knappe Umsteigezeiten zu vermeiden. Größere Verspätungen und die Folgen von Baustellen können Sie sich auch kurz vor der Abfahrt online, in der Smartphone-App oder am Automaten anzeigen lassen.

Nutzen Sie die Wartezeiten sinnvoll

Am allerwichtigsten ist jedoch ein gewisses Maß an Gelassenheit. Wartezeiten lassen sich manchmal nicht vermeiden und sind keinesfalls verlorene Zeit! Nutzen Sie sie zum Lesen, zum Essen und Trinken, um einzukaufen, auf dem Weg zu einem Besuch noch schnell ein Mitbringsel zu besorgen oder Leute kennenzulernen und interessante Gespräche zu führen. Auch die Fahrtzeit lässt sich sinnvoll verbringen, nicht zuletzt dank praktischer Smartphones, mit denen Sie unterwegs viele Dinge erledigen können.

Es lohnt sich auch, immer Lesestoff mitzunehmen. Im Winter sind die Wartezeiten im Freien angenehmer, wenn Sie sich warm genug anziehen. Wichtig sind vor allem gut isolierende Schuhsohlen sowie Schal und Mütze gegen kalte Zugluft und eine Winterjacke, die auch bei Wind dicht hält. Handschuhe, bei denen die Finger vorne fehlen, sind nützlich, um den Fahrkartenautomaten zu bedienen oder im Stehen zu lesen, ohne die Handschuhe ausziehen zu müssen.

Die passende Fahrkarte finden

Innerhalb eines Verkehrsverbunds gilt ein einheitlicher Tarif für die Fahrtkarten. Das bedeutet für Sie als Kunde, dass Sie für eine Fahrt nur ein einziges Ticket kaufen, danach beliebig umsteigen und die verschiedenen Verkehrsmittel miteinander kombinieren können.

Für Wenigfahrer: Einzelfahrscheine

Wenn Sie eine Einzelfahrkarte kaufen, erschreckt Sie vielleicht zunächst der hohe Betrag, den Sie für »die wenigen Meter« bezahlen sollen. Sie dürfen aber nicht vergessen, dass Sie mit dem Fahrpreis nicht nur für diese Fahrt zahlen – Sprit, Abschreibung des Fahrzeugs und Lohn des Fahrers einschließlich Lohnnebenkosten –, sondern auch für alle anderen Leistungen wie die Nahverkehrs-App, die Instandhaltung der Bushaltestellen und die Bereitstellung von Bussen auch zu ungewöhnlichen Uhrzeiten wie beispielsweise am frühen Sonntagmorgen. Regelmäßig fahren Busse auch komplett leer. All das finanzieren Sie mit. Aber wie Sie im Autokostenrechner auf Seite 26/27 gesehen haben, fallen solche versteckten Kosten ebenso für Autofahrer an. Die Bahn warb einmal mit dem Slogan: »Die Bahn hat ihren Preis – doch jeder kann ihn drücken.« Einzelfahrscheine sind nur für Wenigfahrer gedacht.
Für unregelmäßige Fahrten werden häufig Mehrfahrtenkarten, wie zum Beispiel Streifentickets, angeboten, die günstiger sind als ein Einzelfahrschein. Stecken Sie sich einfach einige Abschnitte ins Portemonnaie, oder nutzen Sie ein entsprechendes Handyticket. Einige Verbünde rechnen mobil im Best-Price-System ab, sodass zum Beispiel die vierte Fahrt stark reduziert ist.

Für Vielfahrer: Zeitkarten

Sind Sie beispielsweise berufstätig und fahren täglich dieselbe Strecke, dann lohnt sich eine Monatsfahrkarte oder sogar eine Jahreskarte. Letztere kostet üblicherweise so viel wie zehn Monatsfahrkarten. Wenn Ihr Arbeitgeber einen Vertrag mit dem Verkehrsverbund geschlossen hat, können Sie auch ein stark vergünstigtes Jobticket erwerben. Für kürzere Zeiträume gibt es Wochen- und Tageskarten.
Wenn Sie als Gruppe unterwegs sind, lässt sich der Pro-Person-Preis durch eine Gruppentageskarte, ein Regionalticket (Baden-Württemberg-Ticket,

Bayern-Ticket usw.), ein Quer-durchs-Land-Ticket oder ein Schönes-Wochenende-Ticket der Deutschen Bahn (nur am Wochenende gültig) deutlich senken. Für Bahncard-Besitzer ist bei Fernverkehrsreisen, die länger als 100 Kilometer sind, die An- und Weiterreise im Stadtgebiet mit der City-mobil-Option inklusive. Dadurch sparen Sie nicht nur ein paar Euro, sondern auch die Zeit, die Sie brauchen, um am Bahnhof eine Fahrkarte für eine Ihnen unbekannte Stadt zu lösen.
Lesen Sie für Ihre Dauerfahrkarte unbedingt die Nutzungsbedingungen. Oft gibt es Mitnahmeregelungen, beispielsweise für die Mitnahme von Kindern oder Erwachsenen außerhalb der Hauptverkehrszeiten. Manche Karten sind – zumindest zu bestimmten Uhrzeiten – übertragbar. Auch Vergünstigungen können oft kombiniert werden, wie zum Beispiel für das Ausleihen von Leihfahrrädern und Mietwagen.

Bestens beraten

Mithilfe der Webseite Ihres Verkehrsverbunds können Sie herausfinden, welche Fahrkarte die günstigste für Ihre Fahrt ist. Geben Sie Ziel, Abfahrtszeit und Personenzahl an, und der Computer berechnet das für Sie optimale Angebot. Außerdem besteht die Möglichkeit, sich in den Verkaufsstellen oder am Telefon persönlich beraten zu lassen. Nutzen Sie die Kompetenz der Mitarbeiter der Verkehrsbetriebe und des Verkehrsverbunds.

Auf dem Land mobil sein

Anders als in der Stadt erleidet der öffentliche Nahverkehr auf dem Land eine sehr bedauerliche Abwärtsspirale: Da so wenige Menschen dort wohnen und die Busse nutzen, werden wenige Fahrten eingeplant. Deswegen legen sich möglichst viele Menschen ein Auto zu, sodass wiederum die Fahrgastzahlen noch weiter sinken. Ein Teufelskreis – doch es gibt Lösungen!

Eingeschränkte Möglichkeiten

Oftmals fahren Busse in ländlichen Gebieten nur in großen Abständen und im schlimmsten Fall nur zu Pendlerzeiten. Manche Buslinien werden während der Schulferien nicht bedient. Das bringt zahlreiche Nachteile mit sich, wenn Sie nicht zusätzlich ein Auto besitzen: Verpassen Sie Ihren Bus, kommen Sie deutlich später an als geplant, und abends herrscht für Sie quasi Ausgangssperre.

Bike & Ride

Dabei sind meist die letzten Meter von der Bahn- oder S-Bahn-Haltestelle bis nach Hause das Hauptproblem. In diesem Fall bietet sich eine Form von Park & Ride an. Sie können beispielsweise mit dem Fahrrad bis zur Bahn fahren, sich von jemandem mitnehmen lassen, der mit dem Auto fährt, oder ein Carsharingauto mieten, falls ein entsprechendes Angebot besteht.

Bürgerbusse

Die Lücken der Fahrpläne des öffentlichen Nahverkehrs können Sie auch durch eine Bürgerbusinitiative schließen. Dazu gründen Sie einen Verein, organisieren einen Bus und ehrenamtliche Fahrer und erstellen einen Fahrplan für den regelmäßigen Verkehr oder für einen Rufbus. Das klingt zunächst aufwendig, wird sich aber auf Dauer lohnen, wenn der Bedarf hoch genug ist.

In Deutschland gibt es ungefähr 250 Bürgerbusse, die meisten davon in Nordrhein-Westfalen. Sie werden dort seit den 1980er-Jahren in Anschaffung und Betrieb durch Landeszuschüsse unterstützt.

Fahrgemeinschaften

Auf dem Land kennt man einander. Und so finden Sie sicher jemanden, der regelmäßig ganz ähnliche Strecken zurücklegen muss, beispielsweise Arbeitskollegen, die in der Nachbarschaft wohnen. Mit denen können Sie sich zu Fahrgemeinschaften zusammenschließen und sich somit auch die Benzinkosten teilen. Wer noch auf der Suche nach einer Mitfahrgelegenheit ist, kann auch über die Plattform Pendlerportal (ⓘ **www.pendler-portal.de**) fündig werden.

(Privates) Carsharing

Kommerzielle Carsharingangebote sind gerade auf dem Land selten. Sie können aber mit Bekannten Vereinbarungen treffen, dass Sie gelegentlich gegen eine Unkostenerstattung deren Auto nutzen können. Dauerhafter angelegt ist nachbarschaftliches Autoteilen. Der VCD (Verkehrsclub Deutschland e.V.) hat einen Mustervertrag dafür entworfen, der für Mitglieder zum Download bereitsteht. Er enthält Erläuterungen und Vorschläge für alle erforderlichen Regelungen. So können Kosten und Risiken für die Nutzer vorab geklärt werden.

Über Plattformen wie SnappCar und Drivy bieten Privatleute ihre Autos zum Mieten an. Vorteil dieser Plattformen ist, dass die Regeln und Haftungsfragen von vornherein geklärt sind. Vergleichen Sie die privaten Angebote auf jeden Fall mit denen professioneller Autovermietungen.

Mitfahrbank

In manchen Gemeinden wurde eine »Mitfahrbank« eingeführt. Dies ist eine Holzbank an einem zentralen Ort im Dorf, auf die sich diejenigen setzen, die eine Mitfahrgelegenheit suchen. Mit einem Schild können sie anzeigen, wohin sie fahren möchten. Dies ist also eine neue Art des Trampens.

Mittels eines Onlinekalenders (beispielsweise *TeamUp*, *Google Calendar* oder *OnTime*) können Sie auch eine virtuelle Mitfahrbank organisieren. In einem Mitfahrkalender werden Fahrten und Mitnahmewünsche eingetragen, sodass Fahrten und Mitnahmewünsche zusammenfinden.

nihola.com

TRANSPORTE

Irgendetwas gibt es fast immer zu transportieren. Dabei müssen Steigungen, Treppen oder enge Durchgänge überwunden werden, oder das Transportgut ist sperrig. In diesen Fällen müssen sich auch Autobesitzer eine Alternative überlegen. Lastenräder, Anhänger, Sackkarren und Transporter zum Mieten sowie (Lasten-)Taxis bieten sich an. Aber manchmal hilft auch schon ein Umdenken: Große Transporte lassen sich teilen, Einkaufsquellen näher und bequemer finden und Möbel und Großgeräte können Sie sich einfach liefern und gleich aufbauen lassen.

Alltägliche Transporte zu Fuß

Wohin mit den Dingen, die Sie bisher bequem im Auto deponiert haben? Regenjacke oder -schirm, Wasserflasche und Lektüre sowie alltägliche Einkäufe transportieren Sie problemlos auch ohne Auto. Die Hilfsmittel sind vielfältig.

Rucksack

Ein Rucksack ist besser zu tragen als ein Beutel oder eine Tasche in der Hand, denn er verteilt die Last gleichmäßig auf beide Schultern. Sie können dadurch mehr Gewicht tragen als mit den Händen und beugen der einseitigen Beanspruchung einer Schulter vor. Achten Sie auf breite und gut anzupassende Schulterriemen, dann schneidet auch nichts ein. Modische Rucksäcke gibt es in vielen Stilen und Größen, mit und ohne Außentaschen. Mit Tourenrucksäcken aus dem Sporthaus oder vom Outdoorausrüster sind Sie auch für größere Volumina und ein Gewicht von bis zu 20 Kilogramm gut gerüstet. Machen Sie sich mit der Einstellung von Hüft- und Beckengurt vertraut, und verteilen Sie die Lasten richtig. Schwere Gegenstände sollten hoch und nahe am Körper, leichte tief und außen getragen werden. Auch spezielle Rucksäcke für Radfahrer werden im Fachhandel angeboten. Sie sind schmaler geschnitten, verfügen über eine bessere Belüftung und können mit einem leichten Hüftgurt fixiert werden. Für den Anfang findet sich aber auch oftmals im eigenen Keller oder auf dem Flohmarkt eine brauchbare Lösung.

KLEINES, DAS MAN OFT MIT SICH TRÄGT

Es gibt Dinge, die man immer wieder mal schnell braucht. Schlüssel, Geld und Handy passen perfekt in eine Gürteltasche. Sie leistet gerade auf Urlaubsreisen gute Dienste. In Ihrer Damenhandtasche oder Ihrem Aktenkoffer sollte außerdem immer eine Stofftasche dabei sein. So sind Sie auch für ungeplante Einkäufe gewappnet.

Einkaufstrolley/Shopper

Einkaufstrolleys, die auch liebevoll »Hackenporsche« genannt werden, sind prima für den fußläufigen Einkauf, wenn die Lasten etwas größer und sperriger werden. Haben Sie keine Angst, dass Sie nun mit den Rentnern gleichziehen. In Großstädten gehören die Trolleys zum Stadtbild und werden ab 30 Euro aufwärts in vielen Varianten angeboten.
Beim Kauf sollten Sie auf einen stabilen Griff, eine abnehmbare Tasche und gut laufende Räder achten. Faltbare Modelle können Sie zu Hause bequem verstauen; höhenverstellbare lassen sich gut von mehreren Personen nutzen. Große Menschen benötigen meist einen höheren Griff.
Einige Modelle können Sie ohne Tasche wie eine Sackkarre verwenden. Mit der passenden Kupplung können Sie diese auch an Ihr Fahrrad hängen.

Sackkarren

Mit Sackkarren lassen sich auch schwerere Gegenstände, wie Getränkekisten, Umzugskartons, schwere Werkzeuge und kleinere Möbelstücke bewegen. Kleine und faltbare Modelle gibt es im Baumarkt günstig zu kaufen. Für größere Lasten, häufige und längere Transporte sollten Sie ein stabiles Modell wählen.
Modelle mit Sternrädern, die sich leicht über Treppen hieven lassen, werden ebenfalls angeboten. Solch eine besondere Anschaffung lohnt sich besonders dann, wenn man sie mit der Hausgemeinschaft oder mit Freunden gemeinsam kauft und nutzt. Haben Sie genug Zeit zum Planen, können Sie diese Transporthilfen auch ausleihen.

Handwagen, Anhänger und Transportklappmobile

In einer Stadtwohnung ist ein Boller- oder Handwagen, der einen festen Rahmen, Holzboden und -wände hat, meist schlecht unterzubringen. Mittlerweile werden aber auch faltbare Bollerwagen angeboten. Klassiker ist der

ulfBo®, der durch eine solide Ausstattung und Varianten besticht – leider hat der ultraleichte faltbare Bollerwagen mit etwa 500 Euro auch seinen Preis. In den letzten Jahren hat sich der Markt entwickelt, und es werden bereits Modelle ab 100 Euro angeboten. Aufgrund der Qualitätsunterschiede sollten Sie vor dem Kauf eines faltbaren Wagens bedenken, wie oft Sie ihn falten und zusammengelegt transportieren, aber auch wie viel Last oder Kinder Sie mit ihm bewegen wollen.

Wer einen Fahrradanhänger besitzt, bei dem sich die Deichsel hochstellen lässt, kann diesen zu Fuß ebenfalls wie einen Handwagen schieben oder ziehen. Praktisch ist ein Ständer oder ein drittes Rad, damit er nicht kippt. Diese Anhänger passen je nach Größe in S- und U-Bahnen, seltener in Busse. Probieren Sie es vorher aus, oder fragen Sie bei Ihren Verkehrsbetrieben nach den Mitnahmeregelungen für Handwagen. Allerdings gilt: Fahrgäste haben Vorrang. Der Fahrer ist berechtigt, bei zu wenig Platz Transporte abzuweisen. Nutzen Sie deshalb am besten verkehrsarme Zeiten. Auch die Sicherheit der anderen Fahrgäste darf nicht gefährdet sein. Ihr Transporter muss durch Bremsen oder durch Anbinden gesichert werden. Gerade in Bussen können enge Kurven oder scharfes Bremsen das Gepäck herumschleudern.

Mit zusammenklappbaren Wagen wie dem Clax® (siehe Abbildung oben) hingegen ist der Transport in den öffentlichen Verkehrsmitteln oder von Haus zu Haus ein Kinderspiel. Mit dem Wägelchen lassen sich Lasten von bis zu 60 Kilogramm bequem schieben. Dank der hochklappbaren oberen Ladefläche können auch sperrige Lasten transportiert werden.

Transporte mit dem Fahrrad

Egal, ob für die Fahrt zur Arbeit, zum Einkaufen oder für einen Fahrradurlaub, auf dem Fahrrad sollte immer Platz für eine Zuladung sein. Das Fahrrad muss dabei stets verkehrssicher und für Gepäck stabil genug sein.

Das richtige Fahrrad für Transporte

Ihr Fahrrad muss zu Ihrer Größe und Kraft sowie zu den Transportanforderungen passen. Auch bei einer schweren Beladung müssen die Bremsen gut greifen. Achten Sie darauf, dass die Bremsbeläge nicht abgefahren sind, und stellen Sie den Bowdenzug regelmäßig nach, damit Sie Ihre Kraft voll einsetzen können. Auch der Reifendruck ist wichtig. Er sollte umso höher sein, je schwerer Fahrer plus Gepäck sind.

Wichtig ist außerdem, dass der Gepäckträger für ausreichend Zuladung (mindestens 25 Kilogramm) ausgelegt ist und auch die Konstruktion des Fahrrads selbst diese zusätzliche Last aushält. Wer ein Rennrad und Mountainbike bevorzugt, sollte bedenken, dass sich nicht bei allen Modellen Gepäckträger nachträglich montieren lassen. Auch die Nutzung eines Fahrradanhängers sollten Sie beim Neukauf mit im Blick haben.

Bei der Wahl des Fahrrads stellt sich auch die Frage: »Damen-« oder »Herrenrad«? Räder mit tiefem Einstieg sind praktischer, wenn man auf dem Gepäckträger große Taschen oder gar ein Kind transportiert. Eine Rahmenstange stabilisiert das Rad, was sich besonders bei sehr schweren Zuladungen bemerkbar macht. Bei diesen »Herrenrädern« ist allerdings das Aufsteigen schwieriger, wenn der Gepäckträger beladen ist.

Haben Sie Lasten dabei, dann wird es vor allem am Berg anstrengender. Manchmal ist dann Schieben angesagt. Wenn dies öfter vorkommt, brauchen Sie vielleicht mehr Gänge oder gar ein Rad mit Elektrounterstützung.

Körbe, Taschen und Gepäckträger

Einfache billige und hochprofessionelle – und entsprechend teure – Lösungen für den Transport mit dem Fahrrad gibt es viele. Ein Drahtkorb vom Flohmarkt, der auf den Gepäckträger gebunden wird, oder ein am Lenker befestigtes Weidenkörbchen reichen oft für den täglichen Bedarf. Natürlich darf nichts in die Speichen kommen, der Lenkerkorb darf den Bremszug nicht blockieren oder in der Kurve hinderlich sein. Von Taschen, die an der Lenkerstange schaukeln, ist dringend abzuraten.

Lenkertaschen am Fahrrad: In Lenkertaschen sind Dinge immer schnell greifbar. Sie sind ein guter Ersatz für Handtasche oder Rucksack. Allerdings sind diese Taschen nur für sehr leichtes Gepäck zu empfehlen, da sie sonst in Kurven stören. Beachten Sie auch, dass nicht jede Lenkertasche auf jedes Rad passt, denn die Bowdenzüge von Bremsen und Gangschaltung dürfen nicht zu sehr verbogen werden.

Körbe: Fest montierte Körbe hat man immer mit dabei, und man kann schnell Sachen in sie hineinlegen. Sie sind nicht teuer und können diebstahlsicher befestigt werden. Abnehmbare Körbe hingegen sind praktisch, da Sie damit die Einkäufe vom Supermarkt zum Rad und zu Hause gleich in die Küche tragen können. Es gibt Systeme, bei denen der Korb in eine Halterung oben auf dem Gepäckträger gestellt werden kann, und solche, bei denen die Körbe seitlich befestigt werden.

Gepäckträger: Ein stabiler breiter Gepäckträger lohnt sich und auch eine Federklappe, mit der früher fast alle Räder ausgestattet waren, ist sehr praktisch. Sie können auch Spanngurte verwenden. Der Vorteil: Sie sind in vielen Längen erhältlich, und man kann auch sperriges Gepäck kreuz und quer fixieren. Andererseits können sie sich in den Speichen oder in der Kette verheddern.

Gepäcktaschen: Es gibt heute eine Vielfalt an Fahrradtaschen in verschiedenen Formen, Farben, Größen und Materialien, die am Gepäckträger angebracht werden. Selbst für das Notebook werden entsprechende Taschen angeboten. Besonders praktisch sind speziell für Radreisen entwickelte Modelle. Sie sind wasserdicht, lassen sich mit einer Hand an- und abhängen und fassen 40 bis 70 Liter pro Paar.
Am Vorderrad können Gepäcktaschen mithilfe einer speziellen Halterung (Lowrider) transportiert werden. Sie kommen zwar hauptsächlich bei Fahrradreisen zum Einsatz, sind jedoch eine gute Ergänzung, wenn Sie hinten am Fahrrad bereits einen Kindersitz montiert haben. Möchten Sie nicht auf die großen Packtaschen am Hinterrad verzichten, können Sie eine Gepäckträgerverlängerung, einen speziellen Gepäckträger oder Halterungen montieren, an denen die Taschen tiefer eingehängt werden.

Fahrradanhänger

Eine weitere Transportmöglichkeit sind Anhänger, die es in verschiedensten Größen und Formen zu kaufen gibt. Am häufigsten finden Kinderanhänger Verwendung (siehe auch Seite 64). Das hat den Nachteil, dass Sie für größere Stücke keine durchgängige Ladefläche zur Verfügung haben. Einige Modelle sind auf die spätere Nutzung als Lastenanhänger ausgelegt, weil sie unter anderem über eine feste Bodenwanne verfügen.

Grundsätzlich gibt es ein- und zweispurige Fahrradanhänger. Sie werden an der Sattelstütze, an der Hinterradachse oder mit einer Y-Deichsel (Einspurer oder Monoporter) ans Fahrrad gehängt. Inzwischen gibt es auch Anhänger mit eigener Elektrounterstützung, zum Beispiel Carla Cargo.

Es gibt keine gesetzliche Regelung über die Größe von Fahrradanhängern; als Anhaltspunkt werden die Maße für Autoanhänger genommen. Die mögliche Zuladung ist vom Modell abhängig, es gibt hierzu keine Vorschriften in der Straßenverkehrsordnung. Beachten Sie aber unbedingt die Herstellerangaben.

Wie auch immer Ihr Anhänger aussieht, wichtig ist, dass Sie selbst die Last noch gut ziehen können und dass die Bremsen für diese zusätzliche Masse hinter Ihnen ausgelegt sind. Damit der Anhänger im Straßenverkehr gut gesehen wird, sollten Sie einen Sicherheitswimpel in Augenhöhe anbringen. Wenn das Rücklicht des Zugfahrrades durch den Hänger oder seine

Last verdeckt wird, muss am Anhänger ein (batteriebetriebenes) Rücklicht vorhanden sein. Reflektoren sind Pflicht.
Nehmen Sie sich vor dem Kauf eines Anhängers genügend Zeit, lassen Sie sich im Fachhandel beraten, und machen Sie eine Probefahrt mit beladenem Anhänger. Denken Sie auch daran, dass Sie zu Hause zusätzlichen Platz zum Abstellen des Anhängers benötigen. Das spricht dafür, sich den Anhänger mit Nachbarn zu teilen.

Lastenräder

In den letzten Jahren sind immer mehr Lastenräder unterwegs. Bei den Bauformen wird experimentiert, es gibt sie mit zwei oder drei Rädern. Die Kiste für die Lasten kann vorne oder hinten montiert sein. Bei einigen Modellen befindet sich eine Transportplattform oder -kiste zwischen Vorderrad und Fahrer. Eine schöne Übersicht bietet die unten stehende Grafik von Eric Poscher.
Das Fahren mit Lastenrad braucht Übung. Bevor Sie Lasten oder gar Kinder transportieren, machen Sie erst eine Tour alleine, und testen Sie Kurven, Steigungen, quer geneigte Wege sowie das Umfahren von Pollern.

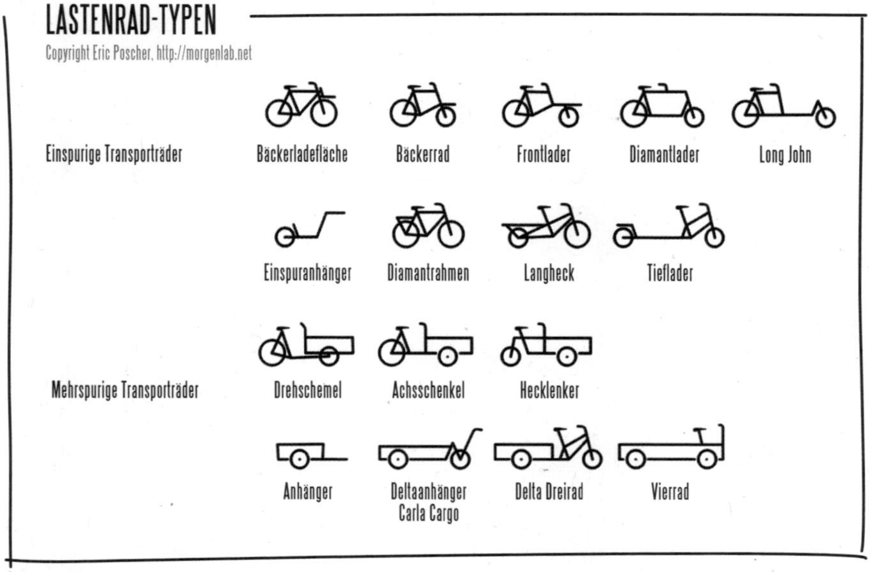

ES MUSS NICHT IMMER GLEICH DAS EIGENE SEIN

In Deutschland gibt es mittlerweile in über 50 Städten sogenannte Freie Lastenräder. Umweltschutzorganisationen bauen in vielen Städten Lastenradverleihsysteme auf. In manchen Wohnprojekten teilen sich Hausgemeinschaften oder ein ganzes Stadtviertel ein Lastenrad. Über die jeweilige Webseite können Sie diese einfach buchen.

Die Initiativen haben sich im »Forum Freie Lastenräder« vernetzt und beraten auch interessierte Initiativen beim Aufbau eines Leihsystems in der eigenen Stadt. In einem Handbuch auf der Webseite des Forums (ⓘ **www.dein-lastenrad.de**) werden unter anderem Fragen zu Gründung, Buchung und laufendem Betrieb beantwortet. Daneben gibt es auch kommerzielle Angebote wie Donk-EE in Köln oder TINK in Konstanz und Norderstedt.

Eine Liste mit Initiativen und Unternehmen, die Lastenräder verleihen, finden Sie unter ⓘ **www.cargobike.jetzt**. Eine weitergehende Liste inklusive klassischer Verleihangebote von Händlern und Privatpersonen bietet ⓘ **www.velogistics.net**.

Größere Einkäufe und Transporte organisieren

Für den Transport größerer Einkäufe und Lasten können Sie zwischen verschiedenen Möglichkeiten wählen: Entweder Sie leihen sich das passende Transportmittel, oder Sie gönnen sich und Ihrem Rücken einen professionellen Dienstleister. Denn Sie müssen nicht alles alleine machen oder mit einem Mal transportieren.

Nahkauf statt Großeinkauf

Der Großeinkauf am Wochenende ist wahrlich kein Vergnügen und kostet viel Zeit und Nerven. Einkaufen en passant ist hierzu eine gute Alternative. Vor allem Städter kommen auf ihren täglichen Wegen meist an mehreren Geschäften vorbei. Variieren Sie Ihre Route zusätzlich ein wenig, so können Sie im Laufe der Woche unterschiedliche Läden besuchen. Wenn Sie jeden Tag so viel besorgen, wie Sie transportieren möchten oder können, sparen Sie sich den Einkauf am Wochenende, wenn die Läden am vollsten sind, unter Umständen sogar ganz.
Je vorausschauender Sie planen, umso besser. Kaufen Sie haltbare Vorräte dann, wenn Sie Zeit und Platz im Rucksack oder auf dem Fahrrad haben.

Einkäufe kommen nach Hause

In vielen ländlichen Gemeinden gibt es noch »rollende Läden«. Jede Woche zu einer bestimmten Zeit kommt der »Eismann« mit Tiefkühlware oder der Brot- und Gemüsehändler. Auf der Straße treffen sich dann diejenigen, die für ihren eigenen Haushalt oder für abwesende Nachbarn einkaufen. Eine gute Gelegenheit für ein kleines Gespräch!
Immer häufiger haben auch Supermärkte und Onlinehändler Lieferdienste im Angebot und bringen vorbestellte Waren vor die Wohnung oder an einen vereinbarten Platz. Idealerweise nutzen Sie das Angebot eines Kaufmanns bei Ihnen in der Nähe, um unnötige Fahrten aus einem entfernten Zentrallager zu vermeiden und die lokalen Händler zu unterstützen.
Eine weitere Möglichkeit, frisches Gemüse und Obst zu beziehen, ist das Abonnieren einer Ökokiste. Vor allem Biobauernhöfe bringen ihre Ernte frisch vom Feld direkt zu den Kunden. Meist wird einmal die Woche geliefert; die Kisten mit Salat, Obst, Gemüse und oft auch anderen Bioprodukten werden gegen die leeren Behälter ausgetauscht. Hier bekommt man stets saisonale und regionale Produkte. Auf der Webseite ⓘ **www.biokisten.org** finden Sie viele Anbieter sortiert nach Bundesländern.

Getränkekisten

Viele Getränkemärkte bieten schon seit Jahrzehnten in ihrem Einzugsgebiet einen Lieferservice an. Auf Wunsch werden die Getränkekisten bis in die Wohnung getragen, was eine große Erleichterung vor allem für ältere Menschen ist.

Eine Alternative zum Konsum von Mineralwasser aus Flaschen ist der Umstieg auf Wasser aus der Leitung. In Deutschland ist das Leitungswasser, welches die Wasserwerke liefern, qualitativ besser oder zumindest genauso gut wie das Tafelwasser aus der Plastikflasche. Warum also nicht einen Wassersprudler kaufen und sich damit das anstrengende Schleppen von Mineralwasserträgern sparen? Noch dazu vermeiden Sie jede Menge Plastikmüll oder das Zurückbringen von Leergut.

Einkaufsmöglichkeiten selber schaffen

In vielen ländlichen Gegenden schließen immer mehr Geschäfte. Dadurch gibt es nicht in jedem kleinen Ort eine Grundversorgung. Einkaufszentren im Umland sind ohne Auto oft schwer erreichbar. Doch es gibt auch einen Trend, vor Ort selbst etwas auf die Beine zu stellen. Sogenannte Einkaufsgemeinschaften vermeiden viele Einzelfahrten. Ob einer für mehrere Haushalte einkauft oder ob man sich ein Auto teilt, hängt von den Möglichkeiten vor Ort ab.

Eine interessante Entwicklung sind selbstorganisierte Dorfläden und Genossenschaftsläden, die die Nahversorgung sichern. Der reine Verkauf wirft oft kaum Gewinn ab, dafür können die Läden andere Funktionen genau für den Bedarf vor Ort übernehmen, zum Beispiel als Treffpunkt, Imbiss, Informationsbörse, Poststation, Reinigungsannahme oder Lieferadresse für abwesende Bewohner.

Großtransporte und Umzüge

»Wie bringen Sie denn einen Kühlschrank oder eine Waschmaschine nach Hause, wenn Sie kein Auto haben?« Diese Frage bekommen Autofreie oft zu hören. Aber auch Autobesitzer müssen für sperrige und schwere Gegenstände Alternativen finden.

Großgeräte und Möbel

Beim Kauf von elektronischen Geräten oder Möbeln bringen die Händler die Waren in der Regel nicht nur in die Wohnung, sondern schließen diese auch fachgerecht an und nehmen gegebenenfalls alte Geräte gegen eine kleine Gebühr zum Entsorgen mit. In vielen Möbelhäusern und auch bei Einzelhändlern ist der Transport im Preis inbegriffen. Fragen Sie gezielt danach.

In Großstädten stehen vor den Geschäften meist Taxen und Lastentransporter und bieten ihre Dienste an. Je nach Einkauf können Sie sich bequem mit dem Taxi nach Hause chauffieren lassen oder erwarten die Neuerwerbungen zu Hause.

Auch für andere Transporte können Sie flexible Lieferdienste nutzen. Dabei kann das Lastentaxi auch ein großes Lastenrad sein. In Berlin bietet die Firma »Velogista« Transporte per Lastendreirad an; in Hamburg können Sie die Dienste von »Tricargo« in Anspruch nehmen.

Umzüge

Auch Autobesitzer können größere Umzüge meist nicht mit dem eigenen Auto bewältigen. Hier kommt man selten daran vorbei, sich einen Transporter zu leihen, den man bis 3,5 Tonnen mit dem normalen Führerschein fahren darf, oder Profis zu beauftragen. Es gibt Kurierdienste, Lastentaxis, und viele Kleinunternehmer mit einem kleinen Transporter.

Gerade für den Großumzug stehen Umzugsfirmen bereit, die auf Wunsch alles vom Einpacken bis zum Möbelaufstellen und Auspacken übernehmen. Man kann aber seinen sportlichen Ehrgeiz auch daransetzen, einen innerstädtischen Umzug autofrei hinzubekommen. Als Student von WG zu WG geht das meist ganz gut.

AUTOFREI REISEN

Fremde Orte entdecken, abseits der üblichen täglichen Wege unterwegs sein oder einfach Freunde und Familie besuchen. Das ist selbstverständlich autofrei möglich. Dabei steht Ihnen eine Vielzahl an Verkehrsmitteln zur Verfügung. Aufgrund von Entfernung und Dauer müssen Sie ein wenig mehr vorausplanen und den Gepäcktransport klären. Und bei geschickter Wahl des Urlaubsorts ist nicht nur die Anreise autofrei.

Reiseplanung

Eine gute Reise beginnt mit einer vorausschauenden Planung. Dabei kommt es nicht nur darauf an, eine passende Route und das geeignete Verkehrsmittel zu finden, sondern auch Alternativen zu kennen, falls etwas Unvorhersehbares dazwischenkommt.

Die Wahl des passenden Verkehrsmittels

Bei der Wahl des Verkehrsmittels kommt es auf die Bedürfnisse der Reisenden, die Menge des Gepäcks, die Entfernung und die Erreichbarkeit des Ziels an. Zur Verfügung stehen Bus, Bahn, Fahrrad und natürlich Ihre Füße. Autos und Flugzeuge schließen wir aus Umweltgründen aus.

Bei der Bewältigung von Entfernungen gelten die Faustregeln: Mit Bahn und Fernbus legen Sie lange Strecken über 100 Kilometer schnell zurück. Eine Strecke unter 20 Kilometer schaffen Sie gut zu Fuß. Mit dem Rad erhöht sich die Reichweite für eine eintägige Anreise auf 50 bis 80 Kilometer. Auch umfangreiches Gepäck können Sie mit Fernbus und Bahn transportieren, sollten dann aber darauf achten, eine Verbindung zu wählen, die möglichst wenige Umstiege erfordert. Fahrradfahrten mit viel Gepäck und/oder auf langen Strecken sind ebenfalls möglich, verlangen aber eine gute Kondition und sichere Befestigung des Gepäcks. Wenn Sie mit dem Rad oder zu Fuß anreisen möchten, können Sie das Gepäck auch schon vorausschicken.

Wer die auf der Strecke liegenden Orte besichtigen, Sport treiben oder den Weg zum Teil des Urlaubs machen möchte, für den sind langsame Verkehrsmittel wie Rad und Fuß optimal. So sehen Sie am meisten und können den Alltag ausklingen lassen, während Sie sich schon auf den Urlaub einstimmen.

Die Wahl des Verkehrsmittels und der Route sind eng miteinander verknüpft: Erst nachdem Sie alle guten Verbindungen kennen, können Sie sich endgültig entscheiden. Manche – wenn auch wenige – Reiseziele sind mit öffentlichen Verkehrsmitteln schwierig oder nur zu bestimmten Uhrzeiten oder Tagen erreichbar. Dann sollten Sie Zeit und Strecke so wählen, dass Sie eine der wenigen Verbindungen nutzen können. Ratsam ist es auch, den Fußweg zur Unterkunft zu kennen, falls der letzte Bus bereits abgefahren ist.

AUTOFREIE URLAUBSZIELE

Es gibt Urlaubsorte und -regionen, die damit werben, dass sie autofrei sind. Die Vorteile liegen auf der Hand: Die Luft ist sauberer, es herrscht weniger Lärm, und Kinder können sicherer draußen spielen. Auch die Anbindung an das öffentliche Verkehrsnetz ist besser ausgebaut, da ja alle ohne Auto leben. Zu den autofreien Urlaubszielen gehören insbesondere:

- neun Orte in der Schweiz, die sich zur »Gemeinschaft autofreier Schweizer Tourismusorte« (GaST, ⓘ **www.auto-frei.ch**) zusammengeschlossen haben: Braunwald, Bettmeralp, Mürren, Riederalp, Rigi, Saas-Fee, Stoos, Wengen und Zermatt
- 25 autofreie Urlaubsorte in den Alpen nennen sich »Alpine Pearls« (ⓘ **www.alpine-pearls.com**) und werben mit einem sanften und garantierten Mobilitätsservice vor Ort.
- Viele der Nord- bzw. Ostseeinseln sind autofrei: Baltrum, Helgoland, Hiddensee, Juist, Langeoog, Neuwerk, Spiekeroog und Wangerooge.

Unterwegs mit Bus und Bahn

Die beste Bahnverbindung zu Ihrem Urlaubsziel finden Sie über die Onlinereiseauskunft der Deutschen Bahn (ⓘ **www.reiseauskunft.bahn.de**). Dieses Tool zeigt Ihnen nicht nur die passende Zugverbindung, sondern auch die Anbindung an Busse und Straßenbahnen sowie anschließende Fußwege an. Dabei sind bei der Verbindungssuche alle Ziele, sprich Adressen, möglich – nicht nur Haltestellen.

Fernbusverbindungen finden Sie auf der Webseite des jeweiligen Anbieters oder – auch mehrere Buslinien im Vergleich – auf einem der einschlägigen Portale (siehe Linkliste Seite 121).

Für Züge und Fernbusse gilt gleichermaßen: Je früher Sie buchen, umso günstiger kann die Reise werden. Auch die Mitnahme von Fahrrädern ist oft möglich. Sie müssen jedoch auf jeden Fall vorab klären, ob dies für den jeweiligen Zug oder Bus gilt und ob von den begrenzten Fahrradplätzen noch welche frei sind.

Haben Sie mehrere mögliche Routen auf dem Tisch liegen, können Sie nach Dauer, Uhrzeit, Preis und Lust und Laune auswählen. Bei Zugfahrten im ICE, insbesondere am Freitag- und Sonntagnachmittag und -abend, lohnt sich eine Sitzplatzreservierung, weil zu diesen Zeiten die Züge am vollsten sind. Grundsätzlich können Sie mit öffentlichen Verkehrsmitteln natürlich auch spontan verreisen, was Fernbusse wegen der begrenzten Zahl der Sitzplätze jedoch nur bedingt unterstützen.
Doch was tun, wenn Ihr Reiseziel unerreichbar erscheint? Dann brauchen Sie entweder mehr Zeit, nehmen für die letzten Meter ein Taxi, gehen zu Fuß oder lassen sich abholen. Viele Hotels bieten einen Abholservice vom Bahnhof an. Diesen müssen Sie rechtzeitig bestellen. Dasselbe gilt auch für Rufbus, -taxi und Anrufsammeltaxi. Diese fahren wie Busse nur an Haltestellen ab, zu bestimmten Uhrzeiten und auf den vorgegebenen Routen. Übersehen Sie also in der Verbindung nicht das kleine Sternchen oder die Ziffer, die dies anzeigt! Übrigens, die letzten Busmeter oder manchmal sogar Seilbahnen sind an vielen Urlaubsorten für Sie kostenlos, wenn Sie sich schon vor Ihrer Abreise Ihre Kurkarte zusenden lassen.

GÜNSTIGE BAHNTICKETS IM FERNVERKEHR

Über 90 Prozent der Reisenden kaufen ihre Fahrkarte bei der Deutschen Bahn online. Mit einigen Tricks können Sie ein günstiges Ticket ergattern.

- Buchen Sie frühzeitig. Fahrkarten können Sie bereits ein halbes Jahr vor Abfahrt kaufen. Je früher Sie buchen, desto größer ist die Chance auf ein Sparticket. Auskunft über günstige Bahntickets gibt der Sparpreis-Finder auf der Webseite der Deutschen Bahn.
- Deaktivieren Sie bei der Online-Reiseauskunft die Schaltfläche »Schnelle Verbindungen bevorzugen«. Sonst fahren Sie fast unweigerlich ICE und zahlen manchmal für nur wenige Minuten Zeitersparnis viel Geld.
- Beziehen Sie auch die 1. Klasse in Ihre Suche mit ein. Mit etwas Glück fahren Sie für wenige Euro mehr mit mehr Komfort und können Ihren Sitzplatz kostenlos reservieren.
- Unter Umständen kann es sich auch lohnen, längere Strecken zu buchen, als man tatsächlich fährt. Wenn Sie beispielsweise von Berlin nach Stuttgart fahren möchten, kann die Strecke Berlin – Tübingen (über Stuttgart) günstiger sein. Dies funktioniert sowohl innerdeutsch als auch bei Auslandsreisen, bei denen häufig der Sparpreis Europa angeboten wird.
- Achten Sie auf Aktionen, bei denen die BahnCard günstiger (beispielsweise zur Fußball-Weltmeisterschaft) angeboten wird. Auch bei Discountern gibt es immer wieder Spartickets zu erwerben. Ebenfalls sparen können Sie mit Gutscheinen, die zum Beispiel Supermarktprodukten beigelegt werden.
- Sie können auch über Drittanbieter, die zum Teil Restplätze oder spezielle Sonderkontingente günstig verkaufen, Tickets buchen. Beim Reiseveranstalter LTur (ⓘ **www.ltur.com/de/bahn/urlaub**) gibt es günstige Bahntickets für den Fernverkehr (auch europaweit), bis 92 Tage im Voraus buchbar – und ab 19 Euro.
- Lassen Sie ohne Zuschläge die Profis für Sie buchen. Engagierte Bahnagenturen wie ⓘ **www.die-bahnprofis.de** kennen die besten Angebote und alternative Routen.

Gepäckversand

Sie können Ihre Reise deutlich erleichtern, indem Sie Ihr Gepäck bereits vorab ans Ziel schicken und nur mit leichtem Handgepäck verreisen. Die Deutsche Bahn, die Schweizerischen Bundesbahnen, Hermes und DHL bieten solche Dienstleistungen zu einem überschaubaren Preis (ca. 14 bis 18 Euro pro Richtung und Gepäckstück) an. Sie können Ihr Gepäck an einer Filiale abgeben oder zu Hause abholen lassen. Beachten Sie aber dabei, dass nicht alle Anbieter ins Ausland versenden. Umgekehrt lassen sich natürlich auch spontane Anschaffungen, Souvenirs und dergleichen einpacken und per Post nach Hause schicken.

Manche Dinge müssen Sie aber vielleicht auch gar nicht selbst mitnehmen. Dazu zählen insbesondere sperrige Sportgeräte wie Ski, Surfboard, Taucheranzug, aber auch kleinere Utensilien wie Tennisschläger oder Bademantel, die man im Hotel, im Schwimmbad oder am Sportplatz leihen kann.

Nur ein paar Meter den Berg rauf ...

Als Trainerin bin ich viel unterwegs, gerade auch mit schwerem Gepäck: Laptop, Schulungsunterlagen, Fachbücher, Magnete, Moderationsmaterial und Stifte für alle Teilnehmer. Wenn möglich, versende ich Teilnehmerordner vorab per Post, um sie nicht selbst schleppen zu müssen. Viele Menschen können sich nicht vorstellen, dass ein Trainer ohne Auto überhaupt mobil genug ist. Ich persönlich würde jedoch nicht nach einer mehrtägigen Schulung noch sechs Stunden auf der Autobahn fahren wollen. Das wäre nicht nur anstrengend, sondern auch gefährlich. Da sitze ich lieber im Zug, mache ein Nickerchen oder lese ein Buch.
Schulungen finden wegen der guten Erreichbarkeit auch für die Teilnehmenden sehr oft in großen Ballungszentren statt, meist nahe einer S-Bahn-Haltestelle. Manchmal wird wegen des Erholungswerts auch ein Tagungshotel im Grünen gebucht. Oder der Kunde hat seinen Sitz im Industriegebiet eines Dorfes. Dann gibt es dort aber oft eine Bushaltestelle und sogar einen Pendlerbus für die Mitarbeiter, der morgens hin- und abends zurückfährt. Zudem suche ich ein Hotel, das möglichst gut an den Schulungsort angebunden ist. Das hat bisher immer sehr gut geklappt, selbst wenn die Einheimischen bezweifelten, dass ihr Bussystem gut genug dafür sei.
Einmal tauchte ich zur Verwunderung der Organisatoren einer Konferenz autofrei in einem Tagungshotel im Wald auf, das keine Bushaltestelle direkt vor der Tür hatte. Zwischen der Haltestelle am Ortsende und dem Hotel lag ungefähr ein Kilometer, also stramme zehn Minuten Fußmarsch mit meinem Trolley. Ich wunderte mich darüber, dass sie sich wunderten, dass man diese Strecke zu Fuß gehen kann. Das waren doch nur ein paar Meter den Berg rauf ...

Andrea Herrmann, Stuttgart

Mit der Familie verreisen

Mit der ganzen Familie zu verreisen bringt einige zusätzliche Herausforderungen mit sich, beispielsweise dass mehr Gepäck zu transportieren ist. Gleichzeitig können Sie aber bei einer Zugfahrt Ihren Kindern mehr Aufmerksamkeit widmen als bei einer Fahrt mit dem Auto. Die autofreie Reise kann auch auf dem Fahrrad oder zu Fuß direkt vor der Haustür beginnen. Kinder schätzen Zeit mit ihren Eltern mehr als ein exotisches Urlaubsziel.

Bahnfahren mit Kindern

Bedenken Sie bei der Verbindungssuche, dass das Umsteigen mit Kindern und insbesondere Kinderwagen etwas länger dauert. Falls möglich, planen Sie längere Umsteigezeiten ein, um unnötige Hektik zu vermeiden. Rechtzeitig kontaktiert, hilft Ihnen an vielen Bahnhöfen auch gerne die Bahnhofsmission beim Umstieg mit Kind und Kegel. Gerade für Familien kann außerdem der Gepäckversand (siehe Seite 104) sinnvoll sein, damit sich die Eltern mehr um die Kinder als um die Koffer kümmern können.
Während der Fahrt bietet die Deutsche Bahn einen speziellen Service für Familien. Sie führt in ihren Fernzügen meist Kleinkindabteile mit, die Sie vorab reservieren können. Dort haben Sie mehr Platz und auch Privatsphäre mit Ihren Kindern, beispielsweise zum Stillen. Der Wickeltisch findet sich entweder im Abteil oder im nahe gelegenen behindertengerechten WC. Für den Kinderwagen stehen entsprechende Abstellplätze bereit.
Auch bei den Ticketpreisen profitieren Kinder und Jugendliche. Kinder bis einschließlich fünf Jahren fahren bei der Bahn ohne Fahrkarte und kostenlos. Kinder im Alter von 6 bis einschließlich 14 Jahren dürfen in Begleitung eines eigenen Eltern- oder Großelternteils oder deren Lebenspartner kostenlos mitfahren. Die Zahl der mitfahrenden Kinder muss allerdings bereits beim Kauf auf der Fahrkarte des Erwachsenen eingetragen werden. Alleinreisende Kinder erhalten 50 Prozent auf den eigenen Fahrschein. Weitere Rabatte gibt es für Jugendliche bis einschließlich 18 Jahre beim Kauf einer 25-Prozent-Bahncard. Sie ist zum stark verbilligten Spezialpreis von zehn Euro erhältlich (Stand 2017).
Geht Ihr Kind allein auf Reisen, können Sie übrigens unter dem Stichwort »Kids on tour« an Freitagen und Sonntagen auf neun Hauptstrecken bei der Bahnhofsmission eine Begleitperson beauftragen.

Gemeinsamer Fahrradurlaub

Als Familie zusammen mit den Fahrrädern unterwegs zu sein, bringt jede Menge Spaß. Mit einem guten Fahrradanhänger können Sie problemlos zwei Kinder und Gepäck transportieren. Obwohl die Kinder nicht treten, brauchen sie genug Pausen. Fahren die Kinder sicher auf einem eigenen Rad, können Kinderfahrräder bis zu 20 Zoll an ein Erwachsenenfahrrad gekoppelt werden (siehe Seite 67), wenn es unübersichtlich oder anstrengend wird. Als Familie sollten Sie pro Tag nicht mehr als 30 Kilometer einplanen. Die Kinder brauchen Zeit zum Spielen, und bei längeren Fahrten leidet die Konzentration, sodass es gefährlich werden kann. Suchen Sie sich für Ihren Fahrradurlaub am besten ein Quartier, an dem Sie mehrere Tage lang bleiben, und unternehmen Sie von dort aus Tagesausflüge.

Wandern mit Kindern

Die steilsten Wege und die höchsten Gipfel werden Sie mit Ihren Kindern nicht erreichen. Aber in der Babytrage oder in einem stabilen Kinderwagen (beispielsweise einem umfunktionierten Fahrradanhänger) sind die Kleinen bei weniger anspruchsvollen Touren mit dabei.

Größere Kinder sollten Sie nicht überfordern: Wählen Sie eine kurze Strecke mit geringer Steigung und planen Sie regelmäßige Pausen ein, am besten an einem Spielplatz. Haben Sie Geduld, wenn die Kinder das Gelände entdecken möchten!

Abenteuerlustige Familien können sich auch mit einem Esel auf den Weg machen oder mit dem Planwagen durch die Gegend ziehen (siehe Seite 112).

Fahrradtouren

Mit dem Fahrrad können Sie aus eigener Kraft lange Strecken bewältigen und so unterwegs viel entdecken. Bestimmen Sie selbst, ob Sie auf kleinen Pfaden Ihren Weg suchen oder den touristischen Highlights folgen möchten. Anhalten und sich umschauen können Sie fast überall.

Das Fahrrad vorbereiten

Ihr Rad muss für eine längere Strecke in Bestform sein: Die beweglichen Teile wie Kette und Räder sollten geölt, die Reifen gut aufgepumpt sowie Licht und Bremse voll funktionsfähig sein. Gerade im Gelände haben sich Gelsättel bewährt. Für eine lange Tour kann ein passendes Trekkingrad sinnvoller sein als das »Stadtrad«, mit dem Sie sonst Ihre üblichen Kurzstrecken zurücklegen.
Bevor Sie zum ersten Mal eine mehrtägige Tour wagen, empfiehlt es sich, Ihr Fahrrad, Ihre Kondition und das Gepäck auf einem halb- oder ganztägigen Ausflug zu testen. Sie werden ganz schnell merken, an welchen Teilen es hakt, wo das Gepäck stört oder zu viel ist und wie viele Stunden und Kilometer Sie an einem Tag zurücklegen können oder möchten.

Routen- und Etappenplanung

Durch Deutschland und Europa ziehen sich mehrere Radfernwege, von denen bestimmt auch einer in Ihrer Nähe verläuft (D-Routen und Eurovelo). Auch viele regionale Radwege laden zu Entdeckungen ein. Für längere Radtouren und für Ungeübte eignen sich ganz besonders Flusstäler. Wenn Sie die Reise an der Quelle starten und der Strömung folgen, dann geht es immer eher bergab als bergauf.
Bewährte Tourenvorschläge finden Sie in der Broschüre »Deutschland per Rad entdecken«, die regelmäßig vom ADFC herausgegeben wird. Sie ist gedruckt und als kostenloses E-Paper erhältlich. Ein großes Angebot an Radreiseführern bieten der Esterbauer-Verlag und die Bielefelder Verlagsanstalt. Stöbern Sie einfach in deren Programm nach einer schönen Radreise. Zur Orientierung empfehlen sich die ADFC-Radtourenkarten im Maßstab 1:150.000 und die kleineren ADFC-Regionalkarten. Sie enthalten Radfernwege, regionale Radwanderwege und verkehrsarme Straßen. Dank einer Kennzeichnung des Belags finden Sie leicht die für Sie und Ihr Rad geeignete Route.

Bei der Etappenplanung gilt grundsätzlich: Mit dem Fahrrad können Sie sich Tagesstrecken von 50 bis 80 Kilometern vornehmen. Im Vergleich zum Wandern strengt Fahren bergauf stärker an als Gehen, und bergab ist die Unfallgefahr größer. Gleichzeitig transportiert sich aber beim Radfahren das Gepäck leicht, und man kommt zügig voran.

Clever packen

Grundsätzlich können Sie alles, was Sie unterwegs benötigen, auf ein Fahrrad packen: Kleidung, Proviant, Werkzeug, Gaskocher, Schlafsack und Zelt. Gerade letztere drei gibt es in besonders leichten und kompakten Ausführungen. Für den Gepäcktransport haben sich Packtaschen bewährt, die Sie so packen, dass die schweren und seltener gebrauchten Gegenstände unten liegen. Auch einen Anhänger können Sie hinten am Rad befestigen. Allerdings ist dieser nur für asphaltierte Radwege geeignet und nicht für die Tour querfeldein. Das Tragen von schweren Rucksäcken beim Fahren sollten Sie vermeiden, da es Sie unsicher macht. Der Schwerpunkt des Gepäcks sollte grundsätzlich möglichst weit unten liegen. Weitere Informationen zum Thema Gepäcktransport mit dem Fahrrad finden Sie ab Seite 89.

Ausrüstung und die richtige Kleidung

Eine kleine Sammlung von Werkzeugen kann auf einer langen Tour wichtige Dienste erweisen. Sie sollten zumindest in der Lage sein, ein Loch im Reifen zu flicken, einen Schlauch auszutauschen sowie gelockerte Schrauben wieder festzudrehen. Fett ist für Kette und Lager hilfreich, wenn sie zu quietschen beginnen. Das gesamte Werkzeug und Ölfläschchen gibt es in handlichen Kleinausführungen, die für eine schnelle Reparatur auf der Strecke genügen.

Mit einem kleinen Erste-Hilfe-Paket mit Pflastern und Desinfektionsmitteln sind Sie gut vorbereitet, um nach einem Sturz zumindest die Wunde sauber halten zu können. Schwere Unfälle sind selten, aber ein leichter Sturz auf einer unbekannten Strecke mit schwerem Gepäck kann durchaus passieren.

In Sachen Kleidung müssen Sie für jedes Wetter vorbereitet sein. Am besten nehmen Sie mehrere Lagen dünner Kleidung mit. Die Jacke oder Regenjacke zum Drüberziehen sollte griffbereit verstaut sein, zum Beispiel ganz oben in der Packtasche. Beachten Sie auch die Tipps ab Seite 69.

WERKZEUGLISTE FÜR UNTERWEGS

- [ ] Luftpumpe für das vorhandene Ventil
- [ ] optional Ersatzventil
- [ ] ausreichend Flickzeug mit Reifenheber
- [ ] Schraubenschlüssel für die wichtigsten Schrauben am Rad
- [ ] Kombizange
- [ ] optional Nietendrücker oder zur Kette passendes Kettenschloss, falls die Kette reißt
- [ ] optional Multitool
- [ ] Schlauch, eventuell Felgenband
- [ ] Kettenfett und Fett für Lager und Gewinde
- [ ] Klebeband und Kabelbinder

Wanderurlaub

Wandern bzw. Zufußgehen ist die ursprünglichste Form der Fortbewegung des Menschen. Beim Wandern legen Sie durchschnittlich vier bis fünf Kilometer pro Stunde zurück. Schön daran ist, dass Sie nichts tun müssen, nur laufen, den lieben langen Tag. Es ist die beste Möglichkeit, um zu entschleunigen. Dabei erschließen sich Ihnen (Natur-)Räume wie Wälder, Strände, Seen, Berge oder Naturparks. Unterwegs können Sie viel erleben – Spaß und Sinnlichkeit, Grenz- und Naturerfahrung –, aber auch zur Ruhe kommen.

Die Planung

Genießen Sie die Unabhängigkeit, die Ihnen das Unterwegssein ohne Auto bietet. Sie müssen nicht im Kreis laufen oder überlegen, wie Sie am Ende wieder zu Ihrem Auto kommen.
Wichtig für das gute Gelingen einer Wanderung sind die Planung und Vorbereitung. Loten Sie zunächst Ihre Bedürfnisse aus, und legen Sie die Rahmendaten Ihrer Tour fest.

DIE RICHTIGE ROUTE FINDEN

- Wie viele Tage wollen Sie unterwegs sein?
- Wie viele Kilometer möchten Sie zurücklegen?
- In welcher Region möchten Sie wandern?
- Welcher Ort (Start- und Zielort) in dieser Region ist gut mit öffentlichen Verkehrsmitteln zu erreichen?
- Welche Art der Unterkunft (Camping, Pension, Hotel, Jugendherberge etc.) wollen Sie nutzen?

Je nach Sicherheitsbedürfnis legen Sie Ihre Tagesetappen fest und buchen Übernachtungen im Voraus oder Sie entscheiden erst unterwegs, wann und wo Sie übernachten wollen. Wichtig ist, dass Sie wissen, an welchem möglichen Zielort es am Ende der Tour einen Anschluss an das öffentliche Verkehrsnetz und/oder Wanderbusse gibt. Übernachtungsmöglichkeiten finden Sie in den Gästeverzeichnissen der Tourismusverbände.

Wege finden

Wenn Sie gerade erst einsteigen, die Wanderlust zu entdecken, macht es die Planung einfacher, wenn Sie eine der vielen vorgefertigten Touren wählen (wie zum Beispiel Rennsteig, Rheinsteig, Moselsteig, Saar-Hundsrück-Steig). Haben Sie Lust am Tüfteln oder sind Sie schon fortgeschritten, können Sie eine Gegend wählen und mit den meist sehr guten amtlichen topografischen Karten eine Route beliebig zusammenbasteln. Hilfreiche Adressen und Anbieter finden Sie in der Linkliste auf Seite 122.

Ob Sie nun klassisches Kartenmaterial mitnehmen oder sich der smartphonegestützten Angebote bedienen, ist individuelle Geschmackssache. Haptisch eine Landkarte zu studieren bringt einem die Gegend näher. An kritischen Wegscheiden oder bei Zweifeln ist eine elektronische Karte jedoch sehr hilfreich, da sich beliebige Ausschnitte vergrößern lassen. Beides zu kombinieren scheint sinnvoll zu sein.

Grundsätzlich sollte der Maßstab der Karte 1:25.000 betragen, so sehen Sie genügend Details. Ein Maßstab von 1:50.000 verschafft lediglich einen Überblick, ist aber ausreichend, wenn Sie eine gut beschilderte Strecke wählen, wie beispielsweise die Premiumwanderwege des Deutschen Wanderinstituts.

WANDERN MAL ANDERS

Wanderungen gibt es nicht nur klassisch, sondern auch mit Esel, Lama oder Kamel. Das Tier trägt bei einer mehrtägigen Trekkingwanderung Ihr Gepäck von Unterkunft zu Unterkunft. Im Winter werden sogar Glühweinwanderungen mit Rentier angeboten.

Auch Planwagentouren sind eine andere Art, entschleunigt unterwegs zu sein.

Ein besonderes Erlebnis für Körper und Geist sind Wanderungen auf einem Barfußpfad. Eine Übersicht von Barfußpfaden finden Sie unter (i) **www.barfusspark.info**.

Gepäck – weniger ist mehr

Wandern ist eine gute Übung zur Konzentration auf das Wesentliche. Lassen Sie unnötigen Ballast zu Hause, und versuchen Sie nur so viel mitzunehmen, wie Sie gut tragen können. Sprich, die »Last« sollte auch nach ein paar Stunden oder am zweiten Wandertag auf dem Rücken nicht als solche zu spüren sein. Die Kunst ist, alles wegzulassen, was verzichtbar ist, aber auch alles dabeizuhaben, was für Wohlbefinden bei der Wanderung sorgt. Orientierung bietet ein Wanderrucksack mit 30 bis 40 Liter Volumen und einem Gewicht unter zehn Kilogramm inklusive gefüllter Wasserflasche und einem Grundstock an Proviant, wenn Sie in einer Unterkunft übernachten. Beim Campen kommen zusätzlich etwa fünf Kilogramm dazu. Natürlich ist auch Wandern ohne Gepäck eine Option. Aber sie macht Sie abhängig von einer Transportdienstleistung und bindet Sie an Ort und Zeit.

Die richtige Ausrüstung

Um kleidungstechnisch optimal ausgestattet zu sein, reichen grundsätzlich eine Wander- und eine Abendmontur. Verschwitzte Kleidungsstücke können Sie abends in der Unterkunft waschen und über Nacht trocknen lassen. Wichtig ist, dass Sie bei Kälte ausreichend warme Kleidung dabei haben; wie so oft ist die Zwiebelschalenmethode am schlausten. Wenn Sie schwitzen, hilft es, die Ärmel hochzuschlagen, so müssen Sie sich nicht zu oft an- und ausziehen.

Bei der Wahl der Schuhe sollte man sich Zeit nehmen und auf Qualität setzen. Gute, atmungsaktive, leichte Schuhe, die an Knöchel und Fersen Halt geben, machen das Wandern angenehmer. Leder erfüllt diese Anforderungen erfahrungsgemäß am besten. Kunstmaterialien verursachen hingegen oftmals Schweißfüße und Sondermüll, den Sie vermeiden können. Einige Experten raten auch dazu, im Mittelgebirge lediglich Halbschuhe zu tragen, um die Füße zu trainieren und achtsam zu sein, wo man hintritt.

Das A und O für eine entspannte Wanderung ist ein passender Rucksack, der die Last mit Brust- und Hüftgurten auf den Körper verteilt. Dazu gehören schulter- und rückenverstellbare Schnallen sowie eine Abstandvorrichtung zum Rücken, der die Durchlüftung gewährleistet. Beim Kauf eines Rucksacks sollten Sie sich unbedingt im Fachhandel beraten lassen.

Um auch bei schlechtem Wetter trocken zu bleiben, sollten Sie den Rucksackinhalt mit einer Plastiktüte oder speziellen wasserdichten Beuteln schützen und einen Regenumhang für Starkregen sowie einen Schirm für Nieselregen dabeihaben.

Ein weiteres nützliches Utensil sind Wanderstöcke. Insbesondere bei steilen Abstiegen und wenn Sie unter Knieproblemen leiden, bieten diese Erleichterung. Überlegen Sie, ob Sie mit den Stöcken bequemer gehen oder ob Sie sich damit in Ihrer Bewegungsfreiheit eingeschränkt fühlen.

Trinken und Essen

Und nicht zuletzt trägt der richtige Proviant zu einer gelungenen Wanderung bei. Besonders wichtig ist es, in regelmäßigen Abständen Wasser zu trinken. Die Menge hängt natürlich vom Wetter, Körperbau, Gehtempo und der Strecke ab, aber es wird empfohlen, 0,3 Liter pro Stunde bei einem Tempo von 4 km/h zu trinken. Je nach Streckenwahl nehmen Sie außerdem Obst, Nüsse oder Riegel für alle Tage mit oder kaufen unterwegs zu.

PACKLISTE

Getränke und Proviant

- ☐ Wasserflasche
- ☐ Snacks, Riegel, Süßigkeiten

Bekleidung

- ☐ wetterfeste Jacke
- ☐ warmer Pullover oder Jacke
- ☐ leichte Wechselkleidung und Schuhe
- ☐ Wandersocken (nahtlos verstärkt)
- ☐ Regenschutz (Schirm und/oder Regenumhang/-jacke)
- ☐ Handschuhe, Mütze, Schal (je nach Wetterlage)
- ☐ Kopfbedeckung, Sonnenschutzmittel, Sonnenbrille

Hygieneartikel und Erste-Hilfe-Tasche

- ☐ Körperpflegeartikel in Kleinstgebinden
- ☐ Verbandsmaterial, Medikamente und (Blasen-)Pflaster
- ☐ Papiertaschentücher, Toilettenpapier
- ☐ Minihandtuch (falls nicht in der Unterkunft vorhanden)
- ☐ Zeckenzange

Sonstiges

- ☐ Taschenmesser
- ☐ Kartenmaterial
- ☐ gegebenenfalls Gästeverzeichnis
- ☐ gegebenenfalls Wanderstöcke
- ☐ Personalausweise
- ☐ EC-Karte/Kreditkarte
- ☐ Krankenkassenkarte

Quellen und weiterführende Literatur

Warum Sie ohne Auto besser leben

ADAC: ADAC Autokosten [https://www.adac.de/infotestrat/autodaten-
bank/autokosten/default.aspx; 24.10.2017]

ADFC: Psyche & Wohlbefinden, in: Die Effekte regelmäßigen Radfahrens
[http://www.adfc.de/gesundheit/gesund-bleiben/die-effekte-regelmaes-
sigen-radfahrens/seite-9-psyche--wohlbefinden; 24.10.2017]

Herrmann, Sebastian (2014): Psyche der Pendler. Glück der Radler, Frust
der Autofahrer, SZ 16.09.2014 [http://www.sueddeutsche.de/wissen/
psyche-der-pendler-glueck-der-radler-frust-der-autofahrer-1.2130063;
24.10.2017]

Randelhoff, Martin (2014): Die wahren Kosten eines Kilometers Autofahrt
[http://www.zukunft-mobilitaet.net/2487/strassenverkehr/die-wah-
ren-kosten-eines-kilometers-autofahrt; 24.10.2017]

Randelhoff, Martin (2016): Die größte Ineffizienz des privaten Pkw-Besitzes:
Das Parken [http://www.zukunft-mobilitaet.net/13615/strassenverkehr/
parkraum-abloesebetrag-parkgebuehr-23-stunden; 24.10.2017]

Umweltbundesamt (2017): Luftschadstoffe im Überblick [https://www.um-
weltbundesamt.de/themen/luft/luftschadstoffe-im-ueberblick; 24.10.2017]

WDR (2015): Armutsfalle Auto? – Wer kein eigenes Auto hat, kann sehr
viel Geld sparen, in: Quarks & Co.; Sendung vom 08.09.2015 »Hat unser
Auto noch eine Zukunft?« [http://www1.wdr.de/fernsehen/quarks/sen-
dungen/auto-armutsfalle-100.html; 24.10.2017]

Zu Fuß zur Schule – Darum geht es [http://www.zu-fuss-zur-schule.de/
darum-geht-es; 24.10.2017]

Richtig umsteigen

FahrradBande der BUNDjugend Berlin (2017): carEXIT [http://www.ca-
rexit.org/de/; 26.10.2017]

Klimaschutzagentur Mannheim (2017): Spar dir dein Auto! [https://www.
klima-ma.de/spardirdeinauto; 26.10.2017]

Semlyen, Anna (2012): Cutting your Car Use. Cambridge (eBook) [auch
http://www.cuttingyourcaruse.co.uk; 26.10.2017]

Zu Fuß unterwegs

Focus online: Mit 20 Minuten am Tag sechs Jahre Lebenszeit gewinnen [http://www.focus.de/gesundheit/gesundleben/fitness/training/tid-26187/fitness-fuer-herz-und-hirn-die-sportart-ist-egal-hauptsache-bewegung-_aid_768786.html; 14.12.2017]

FUSS e.V.: Fußgänger-Stadtpläne [http://www.fussgaenger-stadtplaene.de; 26.10.2017]

Spiegel online: Selbst leichte Bewegung verlängert das Leben [http://www.spiegel.de/gesundheit/ernaehrung/sport-selbst-leichte-bewegung-steigert-die-lebenserwartung-deutlich-a-865592.html; 14.12.2017]

Runnersworld: 1 Stunde lang laufen, 7 Stunden länger leben [http://www.runnersworld.de/training/1-stunde-lang-laufen-7-stunden-laenger-leben.474814.htm; 14.12.2017]

Mit Rad unterwegs

Doerk, Daniel (2016): Flow Footbike [http://itstartedwithafight.de/2016/12/08/flow-footbike/; 06.11.2017]

Hoffmann, Ulf (2016): Gut zu wissen: Fahrradreparaturen für unterwegs. Die besten Tipps für Pannen und Platten. Berlin [E-Book]

Hoffmann, Ulf (2016): Fahrradreparaturen. Reparaturen einfach selber machen, Berlin

Neuß, Juliane (2017): Richtig Sitzen. Locker Rad fahren, Ergonomie am Fahrrad, Bielefeld

Welches Longboard ist für mich das Richtige? [https://www.longboard-einsteiger.de/welches-longboard-ist-fuer-mich-das-richtige/; 06.11.2017]

Zengerling, Wolfgang (2012): Praxiswissen für Alltagsradler – ADFC-Ratgeber, Stuttgart

Transporte

ADFC Fachausschuss Technik (2003): Fahrradanhänger [http://www.fa-technik.adfc.de/Komponenten/Trailer/; 12.11.2017]

Cargobike jetzt (2017): Städteliste Cargobike Sharingsysteme [http://www.cargobike.jetzt/sharing-angebote/; 12.11.2017]

Forum Freie Lastenräder (2017): Handbuch zum Start eines freien Lasten-

rads [http://dein-lastenrad.de/index.php?title=Handbuch_zum_Start_eines_freien_Lastenrads; 12.11.2017]
Mein Einkaufstrolley [http://www.mein-einkaufstrolley.de; 12.11.2017]
Poscher, Eric; Ghebrezgiabiher, Jürgen: CAR GO BIKE BOOM. Wie Transporträder unsere Mobilität revolutionieren, in Druck

Autofrei reisen

Andrack, Manuel (2005): Du musst wandern. Ohne Stock und Hut im deutschen Mittelgebirge, Köln
Cornelius, Reiner (2014): Das Grüne Band – Wandern im wilden Deutschland. 1400 km von Tschechien bis zur Ostsee. Als Taschenbuch (2016): Das Grüne Band: 1270 km von Tschechien bis zur Ostsee, München
Grober, Ulrich (2011): Vom Wandern. Neue Wege zu einer alten Kunst, Reinbek
Kieling, Andreas (2011): Ein deutscher Wandersommer. 1400 Kilometer durch unsere wilde Heimat, München

Weiterführende Links

Informationen für Radfahrer

Navigations-Apps und Navigationssysteme

Osmand für Android-Handy, online und offline, kostenlos: www.f-droid.org/packages/net.osmand.plus/
naviki für Android, iOS und Windows, online und offline: www.naviki.org
LocusMap, online und offline, auch kostenlos: www.locusmap.eu/de/
Qixxit, multimodal: www.qixxit.de
www.garmin.com/de-DE/explore/ontheroad
www.falk-navigation.de

Tourenplanung online

www.google.de/maps (auch für Wanderer)
www.outdooractive.com/de/tourenplaner/ (auch für Wanderer)
www.radweit.de/
www.komoot.de/plan (auch für Wanderer)
www.openrouteservice.org (auch für Wanderer)
www.marcopolo.de/routenplaner/fahrrad.html (auch für Bahn-, Fernbus- oder Wanderreisen)
www.bbike.org

Leihfahrräder

Call-a-bike (Leihräder der Deutschen Bahn): www.callabike-interaktiv.de
Nextbike: www.nextbike.de
Lastenräder (Städteliste): www.cargobike.jetzt/sharing-angebote/

Fahrradmessen

www.veloberlin.com
www.velohamburg.com
www.velofrankfurt.com
www.spezialradmesse.de
www.berlinerfahrradschau.de

Weitere Informationen für Radfahrer

Lastenradforum: www.cargobikeforum.de
Forum freie Lastenräder: www.dein-lastenrad.de
Informationen zu Radreisen: www.radreise-wiki.de und www.rad-reise-service.de
Informationen des ADFC zu Dienstfahrrädern: https://www.adfc.de/verkehr--recht/recht/fahrrad-als-dienstfahrzeug/dienstfahrraeder
Informationen des ADFC zum Fahrradkauf: https://www.adfc.de/bewertung/bewertung-der-alltagstauglichkeit

Vereine, Verbände und Organisationen für Radfahrer

Allgemeiner Deutscher Fahrrad-Club: www.adfc.de
Europäischer Radfahrer-Verband (European Cyclists' Federation): www.ecf.com
Pro Velo Schweiz: www.pro-velo.ch
Critical Mass: www.criticalmass.de

Unterwegs mit öffentlichen Verkehrsmitteln

Deutsche Bahn AG

www.bahn.de
www.reiseauskunft.bahn.de (Onlinereiseauskunft)
DB Navigator App: www.bahn.de/p/view/service/buchung/mobil/download_db_navigator.shtml

Österreichische Bundesbahnen

www.oebb.at

Schweizerische Bundesbahnen

www.sbb.ch

Zugtickets für Europareisen finden

www.seat61.com/Europe-train-tickets.htm

Zugtickets (Gruppentickets) teilen

www.fahrkartenpartner.de
www.ticket-mitfahrer.de

Fernbussuche

www.busliniensuche.de
www.busticket.de
www.checkmybus.de
www.fahrtenfuchs.de
www.fernbusse.de

Nahverkehrsweiser

Android-App Öffi: https://offi.schildbach.de/
Links zu Nahverkehrsverbünden europaweit: www.bruchertseifer.de/nvww13/nvww.php

Mitfahrzentralen

www.bessermitfahren.de
www.mitfahrbrett.de
www.drive2day.de
www.mitfahren.de, www.mitfahren.at
www.blablacar.de
www.mifaz.de

Möbeltransport

www.die-moebel-mitfahr-zentrale.de

Privates Carsharing

SnappCar: www.snappcar.de
Drivy: www.drivy.de

Sonstiges

Green Mobility (innovative Mobilitätsplattform, die einen übersichtlichen Vergleich verschiedener Verkehrsmittel bietet): www.greenmobility.de
Fahrgastverband PRO BAHN (Verbraucherverband; vertritt die Interessen der Fahrgäste des öffentlichen Fern- und Nahverkehrs): www.pro-bahn.de

Informationen für Wanderer

Wanderbares Deutschland (Wanderportal/Informationen zu Wanderwegen in Deutschland): www.wanderbares-deutschland.de
Deutsches Wanderinstitut (Premiumwanderwege): www.wanderinstitut.de
Tourenplaner, siehe unter »Informationen für Radfahrer«

Organisierte Schulwegbegleitung für Kinder

Aktionstage »Zu Fuß zur Schule und zum Kindergarten« (Aktionsbündnis Deutsche Kinderhilfswerk e.V., Verkehrsclub Deutschland e.V. und Arbeitskreis Mobilitätserziehung Berlin): www.zu-fuss-zur-schule.de
Schulexpress (Bremen, Niedersachsen, Schleswig-Holstein, Brandenburg, Österreich): www.schulexpress.de
Bus mit Füßen von Green City e.V. (München): www.greencity.de/projekt/bus-mit-fuessen/

Autofrei wohnen

Wohnen ohne Auto in München, Freiburg, Köln, Münster, Hamburg und auch im Ausland, zum Beispeil Wien, viele Städte in der Schweiz, Niederlande, Dänemark und anderen Ländern.
www.autofrei.de/so-geht-autofrei/autofrei-wohnen

Weitere Vereine und Organisationen zum Thema »Autofrei leben«

autofrei leben! e.V.: www.autofrei.de
Verkehrsclub Deutschland VCD: www.vcd.org
Informationen des Verkehrsclubs Schweiz (VCS) zum Thema »Autofrei leben«: www.verkehrsclub.ch/unsere-themen/autofrei-leben/

CarExit (unterstützt Menschen dabei, vom Auto auf das Fahrrad umzusteigen): www.carexit.org
Umkehr e.V. (Informations- und Beratungsbüro für Verkehr und Umwelt): www.umkehr.de
Carbusters – Journal of the carfree movement (Onlinemagazin, englischsprachig): www.carbusters.org
FUSS e.V. – Fachverband Fußverkehr Deutschland: www.fuss-ev.de
Human Powered Vehicles Club HPV – Verein für innovative Fortbewegung: www.hpv.org
Internationales autofreies Netzwerk: www.carfree.com
World Carfree Network: www.worldcarfree.net (YouTube-Kanal: www.youtube.com/profile?user=WorldCarfreeNetwork&view=playlists)
Zukunft Mobilität: www.zukunft-mobilitaet.net

Über den Verein und die Autoren

Der Verein **autofrei leben!** versteht sich als Sprachrohr und Interessenvertretung autofreier Menschen und setzt sich für eine starke Verringerung des motorisierten Individualverkehrs ein. Die Mitglieder kommen aus ganz unterschiedlichen politischen Bereichen, von links über liberal bis ins christlich-konservative Lager. Was ihnen gemeinsam ist, ist der Wille zur Autofreiheit. Sie warten nicht ab, bis sich irgendwann etwas zum Positiven ändert, sondern leben bewusst ohne Auto und treten für Veränderungen ein. Die Aufgabe der Politik ist es, sich diesen Forderungen zu stellen und für bessere Bedingungen zu sorgen, sodass der umweltfreundliche Verkehr attraktiver und die Bevorzugung des Autos im Verkehrsgefüge auf Kosten aller anderen beendet wird.

Heiko Bruns (47) fährt mit seiner Frau und den drei Kindern viel Fahrrad, Bus und Bahn. Ohne Auto in der Kleinstadt Jever aufgewachsen, studierte er in den Fahrradstädten Oldenburg und Greifswald. Anschließend arbeitete er unter anderem an einer Schule in Kairo und unterrichtet heute Chemie und Geschichte in Berlin. Er setzt sich seit über 25 Jahren für eine Reduzierung des motorisierten Individualverkehrs durch Stärkung des öffentlichen Verkehrsnetzes und Förderung aktiver Mobilität wie Radfahren und Zufußgehen ein.

Andrea Fromm (54) lebt seit 16 Jahren in der Fahrradstadt Karlsruhe und arbeitet in der Landwirtschaftsverwaltung. Zuvor hat sie über zehn Jahre in der Autostadt Stuttgart gelebt. Aufgewachsen ist sie an einer stark befahrenen Bundesstraße in einem Dorf am Fuße der Schwäbischen Alb, die Stadt und Land verbindet. Das hat sie laut eigener Aussage so sensibilisiert, dass sie sich nie ein Auto angeschafft hat. Den Bezug zur Natur hat sie über die Landwirtschaft der Großeltern und die sonntäglichen Familienausflüge erlangt. Am liebsten unternimmt sie Streckenwanderungen.

Dr. Andrea Herrmann (46) wohnt in Stuttgart und ist als freiberufliche Trainerin ständig mit Gepäck unterwegs (Laptop, Thermoskanne, Kursunterlagen etc.). Sie lebt seit ihrem Studium vor 25 Jahren freiwillig autofrei und praktiziert Einfachheit und Entrümpelung. Zugfahrten nutzt sie zum Lesen und Arbeiten und verbringt ihren Urlaub gerne wandernd.

Gunhild Preuß-Bayer (67) hat zwei erwachsene Kinder und arbeitete in der Medizinstatistik und Gesundheitsförderung. Auch als Rentnerin engagiert sie sich im Münchner Projekt »Wohnen ohne Auto». Zu Bergwanderurlauben fuhr die Familie mit der Bahn, heute sind ihre schönsten Urlaubstage jeden Sommer zwei Wochen auf der Fahrraddemonstration »Tour de Natur«.

Für das Schreiben ihrer Erfahrung danken wir: Familie Bauer, Familie Wedel, Sonja Hofer-Wankel, Cornelius Wankel, Prof. Dr. Eckhard Giese, Jessica Hofmann, Isabell Ranft, Nikolaus Huhn, Judith Kühne und Jochen Michel. Leider konnten nicht alle Berichte übernommen werden.
Unser Dank für wertvolle Tipps und Hinweise geht an Ehrenfried Ehrenstein, Matthias Lemke, Ingo Nachold (DSGN concepts), Julianne Neuß (Junik HPV), Frank Ober (Nürnberger Meisterräder), Tomas Ulman (Flow Footbike), Elisabeth Umkehrer und Karin Zickendraht.

Nachhaltigkeit bei oekom: Wir unternehmen was!

Die Publikationen des oekom verlags ermutigen zu nachhaltigerem Handeln – glaubwürdig und konsequent. Auch als Unternehmen sind wir Vorreiter: Ein umweltbewusster Büroalltag sowie umweltschonende Geschäftsreisen sind für uns ebenso selbstverständlich wie eine nachhaltige Ausstattung und Produktion unserer Publikationen.

Für den Druck unserer Bücher und Zeitschriften verwenden wir fast ausschließlich Recyclingpapiere, überwiegend mit dem Blauen Engel zertifiziert, und drucken wann immer möglich mineralölfrei und lösungsmittelreduziert. Unsere Druckereien und Dienstleister wählen wir im Hinblick auf ihr Umweltmanagement und möglichst kurze Transportwege aus. Dadurch liegen unsere CO_2-Emissionen um 25 Prozent unter denen vergleichbar großer Verlage. Unvermeidbare Emissionen kompensieren wir zudem durch Investitionen in ein Gold-Standard-Projekt zum Schutz des Klimas und zur Förderung der Artenvielfalt.

Als Ideengeber beteiligt sich oekom an zahlreichen Projekten, um in der Branche und darüber hinaus einen hohen ökologischen Standard zu verankern. Über unser Nachhaltigkeitsengagement berichten wir ausführlich im Deutschen Nachhaltigkeitskodex (www.deutscher-nachhaltigkeitskodex.de). Schritt für Schritt folgen wir so den Ideen unserer Publikationen – für eine nachhaltigere Zukunft.

Jacob Radloff
Verleger

Dr. Christoph Hirsch
Leitung Buch